A ARTE DECORATIVA

LE CORBUSIER

A ARTE DECORATIVA

Tradução
MARIA ERMANTINA GALVÃO G. PEREIRA

Martins Fontes
São Paulo 1996

Esta obra foi publicada originalmente
em francês com o título L'ART DÉCORATIF D'AUJOURD'HUI por
Éditions G. Grès et Cie, Paris, em 1925,
a edição sendo retomada a partir de 1980 por
Les Éditions Arthaud, Paris

1ª edição
maio de 1996
Tradução
Maria Ermantina Galvão G. Pereira
Revisão da tradução
Eduardo Brandão
Revisão gráfica
Sergio de Moura Santos
Cristina Vecchione
Produção gráfica
Geraldo Alves
Paginação
Moacir K. Matsusaki
Capa
Katia H. Terasaka

Dados Internacionais de Catalogação na Publicação (CIP)
(Câmara Brasileira do Livro, SP, Brasil)

Le Corbusier, 1887-1965.
A arte decorativa de hoje / Le Corbusier ; tradução Maria Ermantina Galvão G. Pereira. – São Paulo : Martins Fontes, 1996.

Título original: L'Art décoratif d'aujourd'hui.
ISBN 85-336-0506-4

1. Arte decorativa I. Título.

96-1832 CDD-745

Índices para catálogo sistemático:
1. Arte decorativa 745

Rua Conselheiro Ramalho, 330/340 01325-000
São Paulo SP Brasil Telefone 239-3677

ARGUMENTO

ICONOLOGIA
ICONÓLATRAS
ICONOCLASTAS

ÍCONES
ICONÓLATRAS

O passado não é uma entidade infalível... Tem suas coisas belas e feias...

"... Um objeto útil deve ser decorado; companheiro de nossas alegrias e de nossos pesares, ele deve ter alma. Reunidas, as almas dos objetos decorados criam o clima radioso no qual nossa triste sina ficará cor-de-rosa. Ao vazio do século máquina, temos de responder com a inefável efusão de uma decoração acalentadora e suavemente inebriante."

ICONOCLASTAS

Protestamos.

Os objetos úteis da existência libertaram muitos escravos de outrora. Eles é que são os escravos, os criados, os servidores. Vocês os tomam por confidentes? Sentamo-nos em cima deles, trabalhamos em cima, usamo-los, desgastamo-los; desgastados, substituímo-los.

OUTROS ÍCONES
OS MUSEUS

Os museus acabam de nascer e não existiam outrora.

Na incoerência tendenciosa dos museus, não existe o modelo; apenas podem existir os elementos de um juízo.

O verdadeiro museu é o que contém tudo, o que poderá informar sobre tudo, quando os séculos tiverem passado. Este é que seria o museu leal e honesto; seria bom, pois permitiria escolher, aprovar ou negar; permitiria apreender a razão das coisas e incentivaria o aperfeiçoamento. Tal museu ainda não existe.

Os educadores, pelo ensino dos livros ou pelo das escolas, pouco se importam com a origem e a finalidade dos objetos expostos nos museus; utilizam estes como base de seu sistema para incitar nossos filhos a dar um valor redobrado a obras de exceção, impelindo-os assim a multiplicar em nossa vida cotidiana objetos meramente decorativos e inúteis que atulham e deturpam nossa existência.

USURPAÇÃO *O FOLCLORE*

O folclore é uma obra longínqua que em geral remonta a séculos. No início, alguém mais poeta entre a multidão a expressou pela primeira vez; ela emocionou. Adotaram-na. Trabalharam-na, corrigiram-na, aprimoraram-na, na escala dos recursos humanos e da emoção humana. Poliram-na. Para que ela se transmitisse, sua intenção precisaria ser clara. Aclararam-na. Firmaram-na cada vez mais em seu sentido que se tornou unânime, que com isso se tornou transmissível.

Temos certeza de que nosso folclore de hoje estabelece-se, já existe, nascido da colaboração unânime.

Mas os folclores são usurpados pelos preguiçosos e estéreis, para encher o ar com um barulho ensurdecedor de cigarras, para cantar desafinado com o canto e a poesia alheias.

Que vêm fazer, em nossa vida, essas ressurreições que são propostas?

Ressurreição das artes regionais, restabelecimento da língua d'oc, do traje bretão ou tirolês, do quimono ou do peplo de Duncan, das louças de Lunéville?*

CONSEQÜÊNCIAS DE CRISE

Há e surgirão ainda conseqüências da crise que separa uma sociedade pré-maquinista de uma nova sociedade maquinista.

A cultura deu um passo e a decoração hierárquica caiu.

Os dourados se apagam e o pardieiro não tardará a ser suprimido.

Parece mesmo que trabalhamos para o estabelecimento de uma simples e econômica escala humana.

---

* Louças antigamente fabricadas pela Manufatura de Lunéville, na Lorena, sob a proteção do rei Estanislau Leczinski, muito famosas no século XVIII. (N. do T.)

UMA BORRASCA

A locomotiva bem que um dia acabou pondo o mundo em movimento.

Foi a idade do minério, a idade do aço. O aço em nossas mãos, foi a máquina; com a máquina, o cálculo; com o cálculo, a solução da hipótese; com a solução da hipótese, a do sonho. Em cem anos tudo foi fomentado: a revolução industrial, a revolução social, a revolução moral.

A indústria soprou no mundo, foi a borrasca.

O industrial pensou: "Dissimulemos a pacotilha sob a decoração; a decoração esconde as falhas, as manchas, todos os defeitos." Consagração da camuflagem. Inspiração desesperada e triunfo comercial.

NECESSIDADES-PADRÕES MÓVEIS-PADRÕES

Buscar a escala humana, a função humana, é definir necessidades humanas.

Tais necessidades são padrões. Temos todos necessidade de completar nossas capacidades naturais com elementos de reforço.

Os objetos-membros humanos são objetos-padrões que atendem a necessidades-padrões.

A arte decorativa é um termo vago e inexato com o qual se representa o conjunto dos objetos-membros humanos. Estes atendem com certa exatidão a necessidades de ordem claramente objetiva. Necessidades-padrões, funções-padrões, portanto, objetos-padrões, móveis-padrões.

O objeto-membro humano é um servidor dócil. Um bom servidor é discreto e se retrai para deixar seu patrão livre.

A arte decorativa é uma ferramenta, uma bela ferramenta.

A ARTE DECORATIVA DE HOJE

A arte decorativa moderna não tem decoração.

Mas afirmam que a decoração é necessária à nossa existência. Retifiquemos: a arte nos é necessária, ou seja, uma paixão desinteressada que nos eleva.

Basta, pois, para entender com clareza, distinguir entre sensações desinteressadas e necessidades utilitárias. As necessidades utilitárias requerem a ferramenta, aperfeiçoada em tudo, da mesma forma que se manifestou certa perfeição na indústria. Trata-se então do magnífico programa da arte decorativa. Dia a dia, a indústria produz objetos perfeitamente convenientes, perfeitamente úteis de cuja elegância de concepção, pureza de execução e eficácia de serviços emana um verdadeiro luxo, que deleita nosso espírito.

Essa perfeição racional e determinação precisa, particulares a cada um deles, criam vínculos suficientes de solidariedade entre eles e tais vínculos permitem reconhecer-lhes um estilo.

A LIÇÃO DA MÁQUINA

A máquina, fenômeno moderno, opera no mundo uma reformulação do espírito.

Contudo, intacto, o fator humano permanece, pois a máquina foi concebida pelo homem para necessidades humanas.

A máquina é construída a partir do sistema mental que o homem elaborou para si e não a partir de uma fantasia, sistema que lhe constitui um universo tangível; esse sistema, arrancado, artigo por artigo, do mundo que nos rodeia, é bastante coerente para determinar a criação de órgãos que cumprem funções semelhantes aos fenômenos naturais.

A máquina é toda de geometria. A geometria é nossa grande criação e nos enleva.

A máquina faz brilhar à nossa frente discos, esferas, cilindros de aço polido, de aço talhado com uma precisão de teoria e uma acuidade que jamais nos mostrou a natureza. Os sentidos ficam emocionados ao mesmo tempo que nossa mente reencontra no estoque de nossas recordações os discos, as esferas dos deuses do Egito e do Congo. Geometria e deuses pontificam juntos!

O homem pára diante da máquina, o animal e o divino nela se saciam.

A lição da máquina está na relação pura de causa e efeito. Pureza, economia, tensão rumo à sabedoria. Um desejo novo: uma estética de pureza, de exatidão, de relações perturbadoras, que vão acionar as engrenagens matemáticas de nossa mente: espetáculo e cosmogonia.

O RESPEITO ÀS OBRAS DE ARTE

Tanto como não pode haver arte decorativa, não podem subsistir "estilos".

Os estilos são, para o estilo de uma época, apenas a modalidade acidental, superficial, acrescentada para facilitar a composição da obra, juntada para disfarçar as falhas, multiplicada para criar a ostentação.

Se a arte decorativa não tem razões de existir, existem em contrapartida as ferramentas, há a arquitetura, há a obra de arte.

A ferramenta, aquilo que serve: servente, servidor. Uma condição: servir bem.

A arquitetura é um sistema da mente que fixa de um modo material o sentimento resultante de uma época.

A obra de arte, esse "sósia" vivo de um ser existente ou desaparecido, ou desconhecido; essa hora de conversa profunda; essas palavras eloqüentes e francas ditas no absoluto da conversa a dois; talvez esse Sermão da Montanha.

A arte decorativa se desenvolve fora desses caminhos; querer qualificar o lugar que ocupa é revelar sem ambigüidade suas finalidades, – outros objetivos: os de decorar, de deixar decoroso.

A obra de arte vai-se concentrando.

Sentimo-nos predispostos ao respeito às obras de arte.

Soa a hora da arquitetura, hoje que a arte espera desse sentimento de época a fixação de sua forma material, hoje que a arte decorativa já não pode ser considerada senão um fator inconciliável com o sistema do espírito contemporâneo.

A HORA DA ARQUITETURA

A grande arte vive de recursos parcos.

As rutilâncias vão água abaixo.

Chegou o momento da proporção.

Firma-se o espírito de arquitetura.

Que aconteceu? Nasceu uma época maquinista.

Nossas efusões, nossa compreensão vivaz da natureza, de suas belezas, de suas forças, tudo se integrou num sistema de organização arquitetônica. Pois a ciência, ao revelar-nos o fenômeno cósmico, proporcionou-nos uma grande força criadora e a arquitetura é a condição da criação humana.

TESTEMUNHOS

*A torre Eiffel, cuja imagem ilustra a capa deste livro, entrou na arquitetura *.*

Em 1889, ela era a expressão agressiva do cálculo.

Em 1900, os estetas quiseram demoli-la.

Em 1925, ela domina a Exposição Internacional de Artes Decorativas Modernas. Acima dos palácios de gesso, nos quais se retorce a decoração, aparece ela pura como um cristal.

ESPÍRITO DE VERDADE

Antes mesmo do nascimento do raciocínio, surgiu o sentimento que leva ao ato: a razão em seguida facilita a ação da mente, com confirmações que parecem indiscutíveis.

Um ser ativo tem um espírito de verdade que é seu juízo. É um imperativo que é, ao mesmo tempo que a força, a lucidez. Esse espírito de verdade é a força de um homem.

---

* Na edição original. (N. do E.)

No que tange à nossa obra, o trabalho humano, o mundo humano, não existe nada, nem tem o direito de existir, que não seja explicável. Lançamo-nos ao trabalho: tudo deve ser claro, pois não somos loucos. Trabalhamos com um objetivo... por mais tolo que ele possa ser.

Ora, percebo que uma imensa quantidade de objetos que outrora tinham o espírito de verdade estão vazios e não passam de carcaças: jogo-os fora.

Jogarei tudo do passado, salvo o que ainda tem serventia. Algumas coisas sempre têm serventia: a arte.

O LEITE DE CAL
A LEI DA TINTA ESMALTE

Todos nós formulamos o problema de nosso contexto externo para nossa comodidade, nosso bem-estar, para o encantamento de nossos corações, para nosso prazer, para, também, a satisfação de um sentimento de decência: gostaríamos de ser apropriados.

Supressão do equívoco. Concentração do equívoco em seu próprio objeto. Atenção concentrada no objeto. O objeto tem de ser, imperativamente, feito, concebido para alguma coisa, feito com plena perfeição. O objeto perfeito é um organismo vivo, é animado pelo espírito de verdade.

Conceda-se à arte decorativa o cuidado de nosso ser afetivo. Aceitemos. Queremos pois fazer de nós seres com um juízo sobre as coisas da afetividade. Seria importantíssimo fazer de cada indivíduo um juiz sagaz. Na confusão deste período conturbado, muitos se acostumaram a pensar contra um fundo negro. Mas a obra da época, tão ousada, tão aventureira, tão belicosa, tão conquistadora, parece esperar de nós que pensemos contra um fundo branco.

1925

EXPO.
ARTES DECO.

1

O passado não é uma entidade infalível... Tem suas coisas belas e feias...

"... Um objeto útil deve ser decorado; companheiro de nossas alegrias e de nossos pesares, ele deve ter alma. Reunidas, as almas dos objetos decorados criam o clima radioso no qual nossa triste sina ficará cor-de-rosa. Ao vazio do século máquina, temos de responder com a inefável efusão de uma decoração acalentadora e suavemente inebriante."

Protestamos.

Os objetos úteis da existência libertaram muitos escravos de outrora. Eles é que são os escravos, os criados, os servidores. Vocês os tomam por confidentes? Sentamo-nos em cima deles, trabalhamos em cima, usamo-los, desgastamo-los; desgastados, substituímo-los.

Uma avestruz.

ICONOLOGIA ICONÓLATRAS ICONOCLASTAS

ICONOLOGIA.

As carruagens rodam pelas estradas da Europa. Escoltas, pistolas nos arções, etc.

L. P. fotógrafo. Versalhes.

Os tiranos haviam decidido enviar embaixadores para dizerem o bom-dia ao GRANDE REI.

O embaixador emociona-se, pois estão aproximando-se. Despreocupação com as estradas arrebentadas por rodeiras, com as planícies cheias de ventos, com os desfiladeiros cheios de emboscadas.

O italiano: "Esta mesa de Florença que trago é o auge da arte; presente raro. Seus ladinos mosaicistas e ourives, vocês conseguiram, com pedrinhas raríssimas desencavadas nos confins do antigo império (César!), criar a mais louca vivacidade, o mais perturbador subterfúgio; esta superfície polida se afunda em águas profundas, jorram árvores, iluminam-se rochedos, luzem céus, jade, jaspe, ônix, ágatas, lápis-lazúlis, cristal."

O de Catarina, a Grande: "Este vaso enorme talhado num monólito me fará assinar o tratado. Ural riquíssimo, Ural tártaro, Ural mongol, Ural da Ásia! Malaquita, ouro puro! Ouro puro e malaquita! O GRANDE REI! Vai dar certo!"

Da Etiópia, Damasco, Teerã e outros: "Isto lança tantas luzes, gládios, estrelas! uma cristalização de maravilhosos espetáculos naturais: mar azul, lago verde, neve dos topos, sol, céu das pirâmides (metáforas exclusivamente laudatórias)!" Seus olhos reviram, depois se fixam e

L. P. fotógrafo. Fontainebleau.

tornam a revirar: suas pálpebras batem, as lágrimas escorrem. Enternecimento: *Com isto podemos fechar negócios*.

Etc., etc.

As carruagens sacolejam nas rodeiras, a natureza é cinza, sem malaquita, ouro puro ou metáforas.

No castelo do GRANDE REI.

O Ministro do Cerimonial: "Ah! o que eles vão ver!

"Verdade, o parque está lastimável, parece um vinhedo no inverno com suas estacas. É novo, mas vai crescer! O castelo, deslumbrante! Que despesa! Ele disse: – Em toda parte ouro, mármore e espelhos. Que os inumeráveis bronzes sejam cinzelados e recobertos de ouro puro. Que a parede desapareça sob os ornatos de folhagens, sob os painéis, os camafeus e as pinturas. Não falarão mais, depois dos Les Nôtres, dos tetos dos doges! Eixos, ordenou ele. Fizeram eixos que são como que os raios da luz. Fizeram pisos que são como que tapetes de pedra. Talharam batentes com todas as esculturas que a madeira podia aceitar e, depois, ouro puro em folhas. Paredes de pedras raras mescladas com espelhos. Sua Glória pintada pelos maiores mestres, no ouro. Então os lustres com cem mil velas. Ah! podem vir os Embaixadores!"

(Esgoelando-se.) "Eh, vocês, criados, enceradores, polidores, tapeceiros! Lustrem e que fique reluzente!"

O Rei entra, com chapéu de plumas de avestruz rosa, amarelo-canário e azul-claro; arminho, seda, brocado e rendas; bengala de ouro, de ébano, de marfim e de diamantes.

"Majestade!"

Detendo-se, com olhos serenos, sorridente: "Deus do céu", murmura o Rei, falando consigo mesmo, "como vamos assombrá-los!"

* * *

ICONÓLATRAS.

Os cortesãos, príncipes e fidalgos provincianos fizeram, claro, o mesmo em sua província, até com ouro semipuro e imitação de mármore.

Veio Marat, que tentou fixar na moral o contexto decente do cidadão; mas ele morreu; o cidadão também.

O Burguês-rei pôs ornatos de folhagens em seu vaso sanitário e damasco em seus papéis de parede. Substituição do ouro semipuro por latão em pó.

O Burguês-republicano pôs ornatos de folhagens em seu calefator; mesmo preço que o liso, fundição por fundição, tanto por quilo; que pechincha!

O professor da Escola Republicana de Artes Aplicadas: "Garotos, vocês, que devem resgatar um dia o prestígio dos saleiros, dos baldaquins e dos toucadores, vão aos museus e aos castelos dos reis obter a lição sublime das épocas maravilhosas... infelizmente desaparecidas" (soluços).

Os editores e livreiros da França e do estrangeiro: "Poderíamos, com efeito, ocupar-nos um bom bocado de tempo em publicar em luxo, semiluxo e obras de divulgação, as maravilhas dos museus e dos castelos, lições sublimes de épocas maravilhosas... Ressuscitar as recordações das épocas maravilhosas... suprimidas pelo efeito feliz da mudança e perdidas no esquecimento" (sem soluços).

Concordância dos negociantes de papel e das indústrias do livro em geral.

Os escritores de arte aderem e compram penas de ganso.

O povo se educa, fascinado. Diamantes, ouro puro, ornatos de folhagens, mármores e espelhos; é deleitante: "Meu Deus, como é rico, como é lindo (exclamações consecutivas e sinônimas). E tudo feito à mão!" O povo extasiado mergulha com vertigem no belo passado. Épocas maravilhosas desaparecidas. Pesares sinceros e inocentes. Que pena! (soluços sinceros).

O Faubourg Saint-Antoine* erguido como um só homem: "Ânimo, nós os fabricaremos, e barato!"

Os antiquários se revezam (como os farmacêuticos no domingo) para manter no templo a chama sagrada.

A Nobreza vigia, sentada em suas cadeiras autênticas.

* * *

Os professores das escolas republicanas ou reais,
os conservadores rotuladores dos museus,
os editores da França e do estrangeiro,
os escritores de arte,
o Faubourg Saint-Antoine,
os antiquários,
os salões anuais, as vitrinas dos grandes magazines e das lojas, enfim o público, triturado, catequizado, exortado, levado à maturação, convertido, crédulo e "por dentro",
todos, clero e catecúmenos da nova fé, decidiram: *um objeto útil deve ser decorado; companheiro de nossas alegrias e de nossas tristezas, deve ter alma. Reunidas, as almas dos objetos decorados criam o clima radioso no qual nossa triste sina passará a ser cor-de-rosa. Ao vazio do século máquina, deve-se responder com a inefável efusão de uma decoração acalentadora e docemente inebriante.*

Diga, vamos lá, friamente: "Decoração? Não compreendo, não conheço. Decoração, por quê? Decoração, atos de minha vida e de meu pensamento, por quê? Decoração, presença de minha felicidade, por quê?"

Uma religião está aí, com um imponente clero: "É A ARTE", respondem-lhe, responde-lhe a multidão dos iconólatras.

Está derrotado, meu senhor, com seu protesto!

* * *

ICONOCLASTAS.

Então protestamos e nos explicaremos.

---

* No Faubourg Saint-Antoine, bairro de Paris, reúnem-se, desde antes do século XVII até hoje, marceneiros e fabricantes de móveis. Os fabricantes de móveis desse bairro mostravam-se hostis às inovações, não querendo renunciar à produção de imitações dos modelos antigos. A Rue du Faubourg Saint-Antoine é hoje considerada um dos últimos refúgios dos marceneiros artesãos de Paris. (N. do T.)

Foto X. Luís XIV, por Rigaud.

Lênin está sentado na Rotonde numa cadeira de palhinha[1]; pagou pelo café dois vinténs, gorjeta de dez réis. Tomou numa pequena xícara de porcelana branca. Usa um chapéu-coco, um colarinho brilhante e liso. Escreve durante horas em folhas de papel de máquina. Seu tinteiro é liso e redondo, de vidro de garrafa.

Apronta-se para governar cem milhões de homens.

Protestamos em nome de tudo. Em nome da felicidade, em nome do bem-estar, em nome da razão, em nome da cultura, em nome da

1. A cena é de antes da guerra. [La Rotonde é um célebre café parisiense. (N. do E.)]

L'Illustré. Khai Dinh, atual imperador de Anam.

moral, em nome do bom-tom, em nome de nossos antepassados cujo trabalho nos é uma causa de respeito.

Os objetos úteis da existência libertaram muitos escravos de outrora. Eles é que são os escravos, os criados, os servidores. Vocês os tomam por confidentes? Sentamo-nos em cima, trabalhamos em cima, usamo-los, desgastamo-los; desgastados, substituímo-los.

Exijamos desses servidores exatidão e senso de oportunidade, decência, uma modesta presença.

L'Illustré.
Gaston Doummergue, presidente da República Francesa.

O passado não é uma entidade infalível... Tem suas coisas belas e feias. O mau gosto não nasceu ontem. O passado tem uma vantagem com relação ao presente: enterra-se no esquecimento. O interesse que lhe dirigimos não excita nossas forças ativas absorvidas violentamente

L'Illustré. Abertura do Parlamento inglês. O rei e a rainha.

O dicionário dos estilos através das épocas e o bricabraque de nosso tempo.

pelo fato contemporâneo, mas acalenta nossas horas de lazer; contemplamo-lo com a benignidade do desinteresse. Significado etnográfico, documento de costumes, valor histórico, valor de coleção, acrescentam-se a seu estado de beleza ou de fealdade e, nas duas alternativas, aumentam-lhe o interesse. Nossas admirações pelas coisas de uma cultura anterior costumam ser, nesse caso objetivo, um cativante encontro do animal que existe em nós com o que restava dele nesses produtos de uma cultura em andamento: o simples animal humano das feiras populares. A cultura é uma marcha dirigida à vida interior. A decoração de ouro e de pedras preciosas é peculiar ao selvagem endomingado que ainda mora em nós.

Nenhuma razão prática ou elevada desculpa e explica a iconolatria. Uma vez que a iconolatria se ergue e se exibe poderosa como um câncer, sejamos iconoclastas.

1925

EXPO.
ARTES DECO.

2

Os museus acabam de nascer e não existiam outrora.

Na incoerência tendenciosa dos museus, não existe o modelo; apenas podem existir os elementos de um juízo.

O verdadeiro museu é o que contém tudo, o que poderá informar sobre tudo quando os séculos tiverem passado. Este é que seria o museu leal e honesto; seria bom, pois permitiria escolher, aprovar ou negar; permitiria apreender a razão das coisas e incentivaria o aperfeiçoamento. Tal museu ainda não existe.

Os educadores, pelo ensino dos livros ou pelo das escolas, pouco se importam com a origem e a finalidade dos objetos expostos nos museus; utilizam estes como base de seu sistema, para incitar nossos filhos a dar um valor redobrado a obras de exceção, impelindo-os assim a multiplicar em nossa vida cotidiana objetos meramente decorativos e inúteis que atulham e deturpam nossa existência.

Casa Pirsoul.

OUTROS ÍCONES
OS MUSEUS

Há os bons museus, também os maus. Também aqueles que têm de cambulhada coisas boas e más. Mas o museu é uma entidade consagrada que embai o juízo.

Data de nascimento do museu: 100 anos; idade da humanidade: 40 ou 400.000 anos.

Ao vê-la toda afetada, prezada senhora, quando diz: "Minha filhinha está no museu", a senhora parece ter consciência de ser um dos pilares do mundo!

Os museus acabam de nascer e não existiam outrora. Admitamos, portanto, que não é uma função humana fundamental, como o pão, a bebida, a religião, a ortografia.

Concordo, os museus têm coisas boas; arrisquemos porém uma dedução fulminante: o museu permite negar tudo, pois, quando tudo é conhecido, tudo se explica, tudo se situa e nada do que é passado tem serventia direta. Pois nossa vida na terra é um caminho que nunca torna a passar por si próprio. De modo que, definitivamente, trata-se da eterna lei: na tendenciosa incoerência dos museus, o modelo não existe, existem apenas os elementos de um juízo; os inteligentes sempre se safam dessa, eles apreciam, reconhecem o veneno, e a cocaína não os interessa; são perspicazes e não caem miseramente nos precipícios.

Mas não deve o fato social ser encarado apenas em função dos inteligentes? Limitação perigosa. O fenômeno natural se mostra em pirâmide, hierarquia: na ponta os azes; embaixo, em ondas que se alargam, as qualidades piores, inferiores. A proporção se estabelece depressa: para 10 unidades em altura, encontra-se um excelente no topo e 100 médios ou medíocres na base; para 100 unidades em altura, encontraremos 10 excelentes no topo e 10.000 médios ou medíocres na base, etc., e a multidão dos intermediários ocupa o intervalo. Os do topo só se mantêm nele dada a presença de degraus inferiores, classificados em sucessivos patamares.

A pirâmide é a expressão da hierarquia. A hierarquia é a lei do mundo organizado, tanto para o natural como para o humano.

Portanto, acatando o princípio dos patamares escalonados, é útil pensar seriamente no bem ou no mal que os museus fazem.

O MUSEU FAZ CONHECER TUDO, LOGO, É BOM; PERMITE ESCOLHER, APROVAR OU NEGAR.

Imaginemos o verdadeiro museu, o que contém tudo, o que poderá informar sobre tudo quando os séculos tiverem passado, tiverem destruído (e como sabem destruir, tão bem, com tanta perfeição, que não resta quase nada, salvo os objetos de grande ostentação, de grande vaidade, de grande lisonja, que escapam sempre aos desastres, atestando a indefectível sobrevivência da vaidade). Portanto, para deixar bem clara nossa idéia, constituamos o museu de hoje com os objetos de hoje; enunciemos:

Um paletó liso, um chapéu-coco, um sapato bem costurado. Uma lâmpada elétrica rosqueada em seu soquete; um radiador, uma toalha de tecido fino e branco; assim como os copos de vidro que utilizamos todos os dias, as garrafas de champanha, de vinhos, etc., que contêm nosso *mercurey*, ou nosso *graves* ou simplesmente nosso *vinhozinho*... Algumas cadeiras de uma madeira seca em estufa e empalhadas tais como as inventou Thonet de Viena e que são tão práticas que nós mesmos, bem como nossos empregados, sentamo-nos nelas. Equiparemos, no museu, um banheiro com banheira esmaltada, bidê de porcelana, pia e torneiras reluzentes de cobre ou de níquel. Nele colocaremos uma mala Innovation, um fichário Ronéo com todas as suas fichas impressas nos múltiplos compartimentos, com sua numeração, perfuração, seus recortes, que mostrarão que no século XX aprendemos a classificar. Nele colocaremos também essas gostosas poltronas de couro das quais Maple criou alguns belíssimos modelos; poderíamos, acima dessas poltronas, afixar o seguinte cartaz: "Estas poltronas, inventadas no início do século XX, constituíam uma verdadeira inovação na arte do mobiliário; ademais, expressavam bem as inteligentes pesquisas de conforto; mas o que melhor se fazia nessa época ainda não era muito apreciado; preferiam cadeiras extravagantemente caras que representavam uma espécie de sumário de todas as esculturas e coloridos que haviam recoberto alguns dos móveis meramente decorativos das épocas anteriores." Nessa seção do museu não se hesitaria em afixar outros cartazes explicando que todos os objetos expostos haviam servido realmente para alguma coisa; assim perceberiam este fenômeno novo e próprio desse período: os objetos de uso utilizados tanto pelos ricos como pelos pobres não eram muito dessemelhantes uns dos outros, apenas a qualidade e o acabamento da execução os diferenciavam.

Tal museu, para dizer a verdade, ainda não existe. Seria este um museu leal e honesto; seria bom, pois possibilitaria escolher, aprovar ou negar; possibilitaria apreender a razão das coisas e incentivaria o aperfeiçoamento.

Os turistas que vão escalar o Vesúvio às vezes se detêm nos museus de Pompéia e de Nápoles, mas ali preferem olhar os sarcófagos atulhados de esculturas.

No entanto, Pompéia, por causa de um acontecimento miraculoso, constitui o único e verdadeiro museu digno desse nome. Constatando

Foto Giraudon. Pavilhão de Marsan.

quão precioso ele é para a educação das multidões, só podemos desejar vivamente ver constituir-se desde já um segundo museu pompeano da época moderna. Foram mesmo fundadas algumas sociedades com esse objetivo; elas criaram as seções do Pavilhão de Marsan, museu de artes decorativas modernas; lá está realmente um testemunho da época, mas um testemunho parcial e fragmentário. Um homem de outro planeta, que lá desembarcasse subitamente, se julgaria em Charenton.

O MUSEU É MAU, POIS NÃO FAZ CONHECER TUDO. ELE ENGANA, DISSIMULA, ILUDE. É UM MENTIROSO.

Os objetos colocados sob as vitrinas de nossos museus são consagrados por isso; dizem deles que são objetos de coleção, que são raros e preciosos, logo, belos. São decretados belos, servem de modelo, e inicia-se o encadeamento fatal das idéias e das conseqüências. De onde

Museu de Artes Decorativas, Paris.

vêm eles? Das igrejas, quando estas admitiram o princípio do luxo para deslumbrar, atrair, forçar o sentimento da onipotência. Deus estava no ouro e nas cinzeladuras; ele cortara relações com São Francisco de Assis e ainda não descera, muitos séculos mais tarde, aos subúrbios das "cidades tentaculares".

Tais objetos vinham também dos castelos e palácios: impor, embasbacar, satisfazer o fantoche multicolorido que se agita no fundo do ser humano e que a cultura expulsa, acorrenta e amordaça. Diante do longínquo passado, sentimo-nos indulgentes; ficamos cheios de indulgência, dispostos a achar tudo belo e bom, nós, que somos ásperos na crítica dos esforços desinteressados e apaixonados de nossos contemporâneos. Esquecemos facilmente que o mau gosto não nasceu hoje e que nos bastaria, sem ir a tão longe, meter o nariz em alguns velhos livros do século XVIII para percebermos que, já naquela época, pessoas de classe e de boa aparência protestavam todos os dias contra a falta de vergonha das artes e dos ofícios, contra os fabricantes de pacotilha.

Encontramos na Biblioteca Nacional preciosos testemunhos da decadência que grassava em certos momentos, assim: *A arquitetura na moda, onde estão os novos desenhos para a decoração dos edifícios, dos jardins; feito pelos mais hábeis arquitetos, pintores, escultores, marceneiros, jardineiros, serralheiros, etc., em Paris, na Casa Langlois.*

E também *Plantas de diversos ornamentos e molduras, antigos e modernas, próprios para arquitetura, pintura, escultura, ourivesaria, bordados, marchetaria, damasquinagem, marcenaria, serralheria e outras artes, com o nome de cada ornato.*

Lá estão os ornamentos mais significativos gravados em cobre, a quinquilharia mais fútil que o Faubourg Saint-Antoine possa ter produzido; está datado 1700-1750, Luís XIV-Luís XV.

Livro dos espelhos, mesas e mesinhas inventados por Lepautre. Livro das cártulas inventadas recentemente e gravadas por Jean d'Olivar e vendidas em Paris na Casa Langlois com privilégio do Rei.

Entre as lareiras com painéis cheios de ornatos de estuque moldado pintados com imitação de ouro, há umas com anjos, coroas, medalhões, etc.

Quantas coisas para anestesiar seu mundo! Começo a ter certeza de que o burguês é anterior à Revolução. Ficamos realmente estupefatos com a absoluta falta de gosto.

Foto Giraudon. Museu de Cluny.

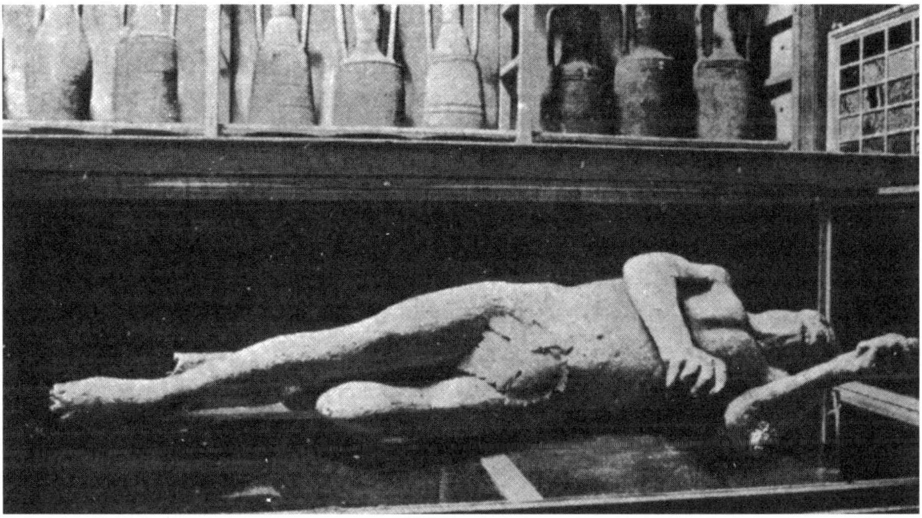

Museu de Pompéia.

Ali, são umas vinte pranchas tendo, cada uma, uns trinta frisos, óvalos, rosetas, redentes, listéis, volutas, florões, vasos, equinos, folhas de acanto, etc. E isso horrivelmente desenhado, verdadeira pacotilha, para servir de modelo, como está anunciado, ao gravador e ao arquiteto, ao pintor. Foi aí também que os arquitetos escolheram, e eis os resultados: tantos velhos móveis sobrecarregados de cobre, etc. Como são feitos esses álbuns? São pranchas divididas em quatro painéis pelos dois eixos; de um lado e doutro dos eixos há quatro fragmentos de espelhos, quatro fragmentos de vasos, quatro fragmentos de lareiras, etc. Vêem-se daqui as emendas. Hoje, os catálogos de monumentos funerários são mais bem feitos.

E onde foram parar os objetos fabricados a partir desses dados? Nas mansões da nobreza, nas mãos dos colecionadores, dos antiquários e nos museus. Evidentemente, entre o amontoado, encontram-se coisas belíssimas. Mas o fato verdadeiramente característico é nosso sentimento de admiração e nossa falta de senso crítico quando se trata de coisas que os séculos nos legaram. A quem eram dirigidos todos esses badulaques fabricados sob os reinados dos grandes reis? A uma categoria de gente que hoje não respeitamos; logo, é desastroso, e quase imoral, enviar nossos filhos aos museus inspirarem-se com um respeito religioso em algumas dessas coisas mal feitas e despropositadas. E também aí os conservadores dos museus poderiam salvar-nos se consentissem em colocar cartazes sobre os objetos e em declarar isto, por exemplo: "Esta poltrona ou esta cômoda deve ter pertencido a um merceeiro novo-rico que viveu em 1750, etc."

Mesmo o honesto museu etnográfico está incompleto. Pode-se explicar tudo e, em conseqüência, desculpar tudo: o colono nos confins da mata virgem prefere transportar em sua bagagem exígua o objeto meramente decorativo de um chefe negro ou de algum deus de lá, ao invés de se atulhar de numerosos utensílios que dariam noções sobre o estado de cultura dos povos que visitou. A bem dizer, para nós é indiferente que o colono da mata virgem traga-nos a imagem de um deus ou uma cabaça usada como tigela ou garrafa. Mas a questão fica séria quando os educadores, através do ensino dos livros ou da escola, pouco se importando, por inconsciência, com a origem e a finalidade dos objetos expostos nos museus, empregam-nos como base de seu sistema para incitar nossos filhos a dar um valor redobrado, se tal é possível, a obras de exceção, impelindo-os assim a multiplicar em nossa vida cotidiana objetos meramente decorativos e inúteis que atulham e deturpam nossa existência, deixando-a simplesmente estrambótica.

ICONOCLASTAS AINDA: O HOMEM, O HOMEM, INTEIRAMENTE NU.

O homem inteiramente nu não usa colete bordado; pronto, está dito!

O homem inteiramente nu, mas trata-se de um animal respeitável que, sentindo sobre seus ombros uma cabeça com um cérebro, pôs-se a fazer algo pelo mundo.

O homem inteiramente nu se pôs a pensar e, com o desenvolvimento de suas ferramentas, procura libertar-se das contingências externas, dos encargos que o obrigavam a cansativas labutas.

Suas ferramentas lhe servem para fabricar objetos de uso e esses objetos de uso destinam-se a facilitar as ingratas tarefas da vida cotidiana.

O homem inteiramente nu, uma vez saciado e abrigado... e vestido, procura pensar, e seus pensamentos se dirigem para o que julga o melhor e mais elevado.

O fabuloso desenvolvimento do livro, da impressão, a rotulagem de todo o último período arqueológico nos encheram a cabeça de lérias, deixaram-nos deslumbrados. Estamos numa situação inteiramente nova: *Tudo nos é conhecido*. Povos, séculos, apogeus, deca-

Museu de Saint-Germain-en-Laye.

dências. Conhece-se até a forma do crânio dos contemporâneos do dinossauro e, pelo ângulo facial, a qualidade dos pensamentos que deviam agitá-los. Tão logo surge um problema, é-nos possível imaginar, numa investigação vertiginosa, o que fizeram ou teriam feito todos os povos e todos os séculos. A idade da documentação é a nossa.

O museu, porém, fez a escolha arbitrária que acabamos de denunciar; o museu deve gravar em seu frontão: "Aqui dentro está a documentação mais parcial, menos probatória das épocas passadas; lembrem-se disso, e tomem cuidado!" Nessas condições, a verdade é restabelecida e podemos passar sem mais delongas ao nosso programa que é outro. Desejamos então fazer algo diferente e não imitar as fraquezas de certas pessoas fracas dos séculos anteriores; desejamos que nossa cultura tenha alguma serventia e nos impulsione ao melhor. Os museus são um meio de instruir-se para os mais inteligentes, assim como a cidade de Roma é um ensinamento fecundo para aqueles que têm um conhecimento profundo de sua profissão.

O homem inteiramente nu não usa colete bordado; deseja pensar. O homem inteiramente nu é um ser normalmente condicionado, que não tem necessidade alguma de ouropéis. Sua mecânica é organizada a partir da lógica. Gosta de compreender o porquê das coisas. É com o porquê das coisas que se esclarece. Não tem preconceitos. Não adora fetiches. Não é colecionador, não é conservador de museu. Se gosta de instruir-se, é para armar-se. Arma-se para atacar a tarefa do dia. Se gosta, algumas horas, de olhar à sua volta e atrás de si no tempo, é para apreender o porquê das coisas. E, encontrando a harmonia, esta coisa que é uma criação de sua mente, recebe dela uma comoção que o emociona, o eleva, o encoraja, lhe dá um arrimo na vida.

1925

EXPO.
ARTES DECO.

3

O folclore é uma obra longínqua que em geral remonta a séculos. No início, alguém mais poeta entre a multidão a expressou pela primeira vez; ela emocionou. Adotaram-na. Trabalharam-na, corrigiram-na, aprimoraram-na, na escala dos recursos humanos e da emoção humana. Poliram-na. Para que ela se transmitisse, sua intenção precisaria ser clara. Aclararam-na. Firmaram-na cada vez mais em seu sentido que se tornou unânime, que com isso se tornou transmissível.

Temos certeza de que nosso folclore de hoje *estabelece-se, já existe, nascido da colaboração unânime.*

Mas os folclores são usurpados pelos preguiçosos e estéreis para encher o ar com um barulho ensurdecedor de cigarras, para cantar desafinado com o canto e a poesia alheios.

Que vêm fazer, em nossa vida, essas ressurreições que são propostas?

Ressurreição das artes regionais, restabelecimento da língua d'oc, do traje bretão ou tirolês, do quimono ou do peplo de Duncan, das louças de Lunéville?

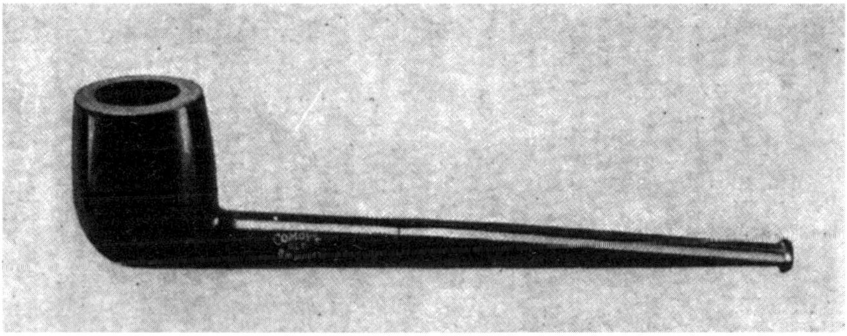

Cachimbo Comoy's.

USURPAÇÃO O FOLCLORE

Ser preguiçoso, estar vazio de idéias, ter a mente como um bricabraque, ser a massa, a multidão, o *burguês*-rei de hoje, e *espoliar* abertamente, sem precauções nem fórmulas oratórias, um vizinho de raça empenhado, como seus pais e ancestrais, em pensar sempre, em inventar obras de precisão perfeita, em aperfeiçoá-las com uma minúcia admirável e incansável. Ser *Ubu-Rei* e dizer, ocupando todo o palco com sua gesticulação: "O folclore, muito bem feito, heim? Tomo-o para mim!" Usurpação.

Etrusco.

Tangos argentinos, jazz da Luisiânia, bordados da Rússia, armários da Bretanha, louças de quase toda parte, *japonesices* de todo tipo – uma boa zoeira sentimental e decorativa, tipo *ersatz*, que ressoe com nossos gestos, vertendo-nos a P-o-e-s-i-a... dos outros e tapando utilmente os poucos buracos de dias tão cheios.

Polinésia.

O cinema, o café, o teatro, o estádio, o clube, o chá das cinco, os jantares, os *dancings*, os aparelhos domésticos de radiofonia, são outras tantas futilidades inventadas na proporção das folgas fornecidas pelo trabalho cotidiano: "Meu Deus, tomara que não fiquemos sozinhos!", pensam alguns. Teriam horror de ficar sozinhos diante das horas (1 hora, 2 horas, 3 horas) que deverão ser preenchidas apenas com seu pensamento. Por milagre, o trabalho cotidiano é uma espécie de ordem de marcha de caserna à prussiana; antolhos para não enxergar, rédea curta para seguir reto, um chicote atrás e no traseiro para manter o contato com a inteligência. Assim é esse trabalho que tachamos de escravo, que alguns adoram, porque os ocupa a chicotadas no traseiro. Não

Peru.

se sentirão sozinhos; não ficarão desamparados; felicitam-se por estarem num escritório onde reina a disciplina, onde tudo é organizado – por se sentirem firmes em sua rédea, sólidos sobre as patas, com antolhos, e a aprovação de Tartarin ao redor – a música de câmara sonhada por Satie.

A *regularidade* em primeiro lugar, pão cotidiano.

O *ramerrão* depois para tapar os buracos, os vazios. Ramerrão musical, ramerrão colorido, ramerrão adamasquinado, ramerrão bordado ou pintado em batique. Ramerrão barulhinho, barulhão, leitura do jornal (descrição dos atos alheios), cinemas, *dancings*, Pigalles... para escapulir-se, jamais encontrar a si mesmo. "Se eu fosse encontrar minha alma (visão de horror)? Que lhe diria eu? Atenção!"

Assim fazem o carrossel dos divertimentos para jamais se encontrarem consigo mesmos.

As antiguidades dos antiquários, os belos castelos dourados dos Reis, os museus da pena de pavão, e também o folclore tão poeticamen-

Renascença.

te útil para tais divertimentos; são essas as oportunidades de fugir do frente a frente consigo mesmo e de furtar-se ao dever de criar. Criar? Sim, ou seja, colocar duas idéias *pessoais* uma sobre a outra e depois continuar: quatro idéias, oito idéias, etc. A hora passa e essa introspecção e essa seqüência dada ao exame faz de cada qual um homem livre, com juízo próprio e pronto para todas as alegrias de avaliar-se livre; o infinito está aberto. Sim, mas isso dá vertigem!

O folclore é usurpado pelos preguiçosos e pelos estéreis, para encher o ar com um barulho ensurdecedor de cigarras, para cantar desafinado com o canto e a poesia alheios.

* * *

Tentemos ver de que maneira se formam os folclores e adquiriremos a certeza de que o nosso *folclore de hoje* se estabelece, já existe, nascido da colaboração unânime. Adquiriremos a certeza de que uma obra de perfeição, digna e duradoura, conforme a nossas necessidades e concorde com nosso pensamento, constrói-se todos os dias com a energia e a criatividade de todos e sentiremos o ridículo dos ouropéis e decidiremos jogá-los longe, desejaremos lavar-nos e não mais nos reunir enfarpelados com roupas velhas roídas de traças e com perucas cheias de piolhos.

Escandinávia.

Ouço uma czarda sobre o Danúbio da Sérvia; numa festa de ginástica escuto oito rapagões cantarem as mais belas canções das montanhas. No *Quadro Flamengo* dos balés de Diaguilev, oito espanhóis dançam e cantam; na *Syncopated Orchestre* quarenta negros gesticulam e enchem você de nostalgia.

Em toda parte, sempre, é claro, conciso, curto, econômico, intenso, essencial. Instantaneamente compreendi, senti, experimentei a emoção exata. A linha é traçada a buril, vejo-a e retenho-a. O desencadeamento é rigoroso: em meu coração, tal compartimento sente emoção, uma emoção padronizada, tão padronizada que imediatamente lanço pontes: uma conduz a tal idade, que é uma etapa reconhecida; a outra conduz a tal área, que é brumosa ou ensolarada; a outra, a tal fase, que é de amargura, de confiança, de alegrias ou de inquietudes; a outra me leva ao reino das forças do bem, e a outra ao das forças do mal. No ponto de encontro de todas essas pontes, há um homem. Os climas, os sóis, as políticas, as raças, tudo se classifica sob o domínio de um homem. Um homem corrente, em série, normal: duas pernas, dois braços, uma cabeça. Um homem que sente vermelho, ou azul, ou amarelo, ou verde; um homem que sonha com verticais ou com horizontais; um homem que ama ou odeia, que afaga ou briga; um homem que dança porque está feliz.

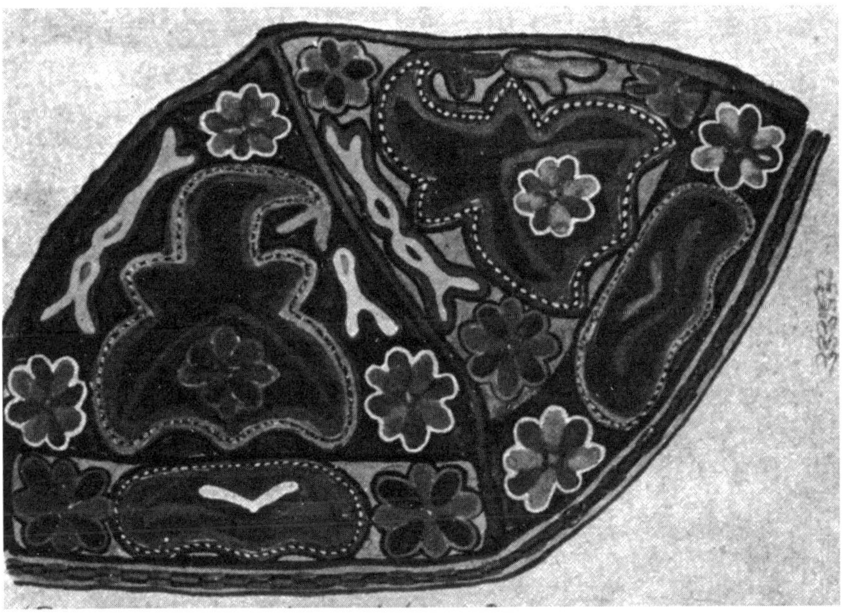

Rússia.

Essas melodias, ou então esses vasos, esses fetiches, essas casas não são obra de um Sr. X. É uma obra longínqua, que em geral remonta a séculos. No início, alguém mais poeta entre a multidão a expressou pela primeira vez; ela emocionou. Adotaram-na. Trabalharam-na, corrigiram-na, aperfeiçoaram-na, na escala dos recursos humanos e da emoção humana. Poliram-na. Para que ela se transmitisse, sua intenção precisaria ser clara. Aclararam-na. Firmaram-na cada vez mais em seu sentido que se tornou unânime, que com isso se tornou transmissível.

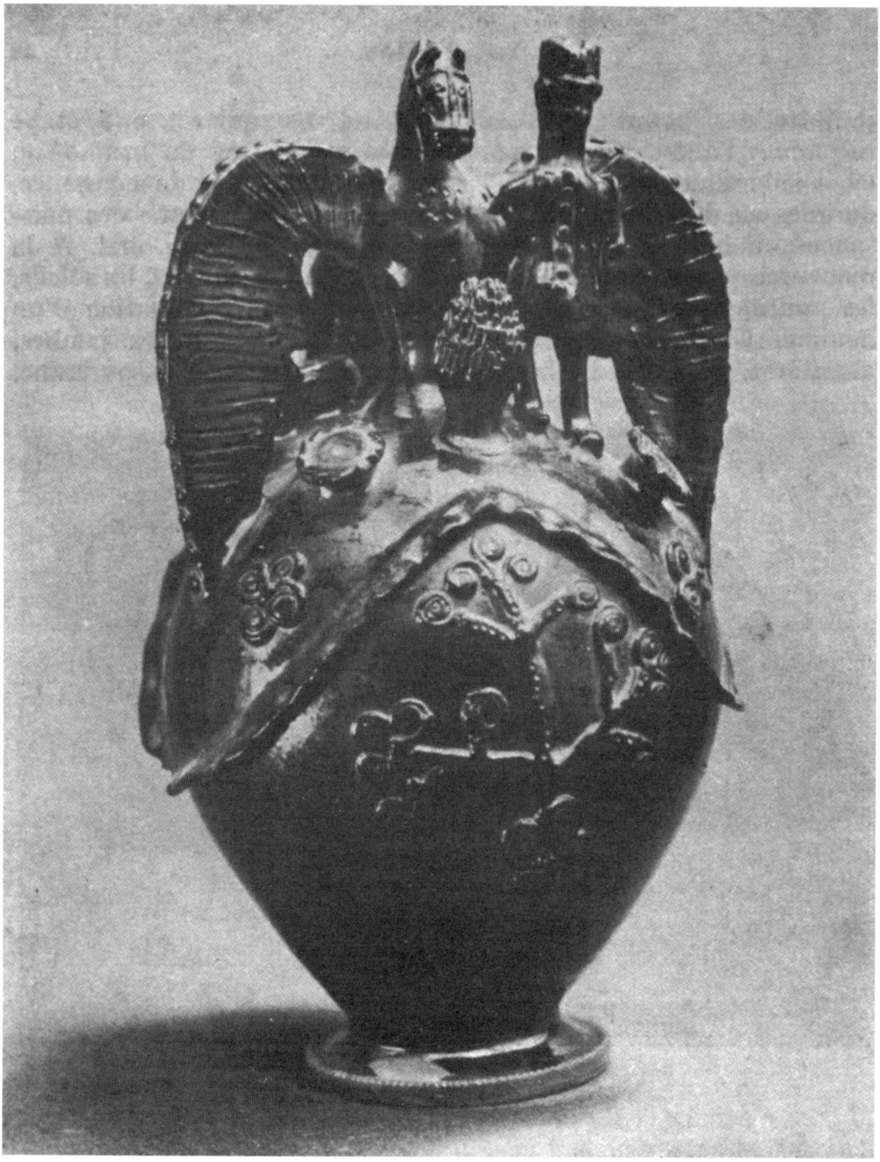

Sérvio.

O folclore em sua força lírica. Através dos séculos, Pégaso seria reencontrado. O rio, a árvore, as flores são transcritas em formas essenciais. A exuberância do sentimento poético, cujas expressões estão fixadas há séculos, faz deste vaso um objeto de exceção. O ceramista sérvio que fez este vaso por volta de 1900 o havia deixado de lado com muitos outros em seu sótão. Era o último a fazer um assim, já não acreditava nele. Em sua casa, louças comerciais vulgarmente ornadas à máquina ocupavam as prateleiras. Com um golpe brutal, o "progresso" derrubara tradições milenares. Ele continuava, todavia, a modelar cântaros usuais, iguais a este cântaro espanhol e iguais também aos de Andrinopla que, por sua vez, se aproximavam da ânfora grega. Porém, algumas semanas mais tarde, em todo o litoral egeu, vi que os cântaros, as ânforas, com os quais vão ao poço (com os quais iam desde séculos) eram substituídos e que o cera-

Espanhol.

mista não trabalhava mais: as latas dos petróleos de Batum davam recipientes muito mais cômodos, de mais a mais inquebráveis; em vez de carregar o cântaro no ombro (um único cântaro), uma barra de madeira passada através da lata, cuja parte de cima fora tirada, permitia carregar facilmente os cinco litros como se carrega uma mala; uma lata em cada mão, ficava-se equilibrado e fazia-se o dobro de trabalho. E as poses imortais à Rute no poço de Jacó? E a indústria realmente bela do ceramista, que parece ter acompanhado as civilizações desde sempre? *Acabou-se.* Substituída por uma lata. Essa história do país das belas culturas e das obras imperecíveis é uma das mais fortes lições que se pode receber atualmente: a evolução, por fator de *economia*, é implacável, nada lhe resiste; as saudades são estéreis; está morrendo uma poética que parecia imortal; tudo recomeça; isso é que é belo e promete as alegrias de amanhã.

Foi, enfim, como o perfeito espelho de um povo: os Alpes ou o mar nele se miravam nos olhos de um homem.

Coisa magnífica o folclore. Aperfeiçoamento em que o tempo e a massa trouxeram a pureza.

Como você queria que um senhor qualquer, a maior parte do tempo ignorante da exatidão das técnicas, pudesse, com uma pintada tosca de pincel, oferecer tal perfeição?

Tão intenso é o folclore, que nós todos somos imediatamente sensíveis a ele; nele se acha o maior espaço para a inteligência e para o coração.

Tártaro, romeno, escandinavo, negro ou bávaro, os séculos de antanho estão nele.

O século de hoje não abdicou de todo labor. Ao contrário, este século movido por novos motores, motores de uma potência desconhecida até agora, este século começou seu labor. Uma vez que o folclore é a mais perfeita expressão da mecânica física e sentimental de um povo, os povos de hoje, reunidos numa confederação gigantesca, dispõem de uma mecânica física assombrosa e que nada mais tem em comum com a de outrora. E, por conseguinte, existindo recursos novos, necessidades novas ainda não satisfeitas solicitam obras novas.

Relógio “Omega”.

O trabalho começou. A unanimidade de um sentimento novo, o de uma época de precisão em que reina a máquina, tende a estabelecer padrões que serão nosso folclore. Ampliação do problema. Abandono dos caracteres regionais em prol de um caráter internacional. As fronteiras caem e todos os locais nos são conhecidos; apenas o homem subsiste inteiro com claras necessidades e uma poética mais ampla. Que vêm fazer em nossa vida as ressurreições que nos são propostas? Ressurreição das artes regionais, restabelecimento da língua d'oc, do traje bretão ou tirolês, do quimono ou do peplo de Duncan, da louça de Lunéville?

Tudo isso passou, está classificado, é expulso por um sentimento novo. Reagir é olhar para trás e é também se deixar triturar como a árvore que tomba numa torrente.

Tais divertimentos anacrônicos podem agradar ao Senhor Homais*, que guarneceu sua lareira com dois potiches japoneses da Companhia das Índias. Ora vamos, Sr. Homais! É preciso ter visão clara e ocupar-se das questões atuais.

* Personagem de Madame Bovary, protótipo da pequena burguesia, que sob um verniz liberal é cheio de idéias preconcebidas. (N. do T.)

1925

EXPO.
ARTES DECO.

4

Há e surgirão ainda conseqüências da crise que separa uma sociedade pré-maquinista de uma nova sociedade maquinista.

A cultura deu um passo e a decoração hierárquica caiu.

Os dourados se apagam e o pardieiro não tardará a ser suprimido.

Parece mesmo que trabalhamos para o estabelecimento de uma simples e econômica escala humana.

Cadeira Thonet (inventor da madeira vergada).

CONSEQÜÊNCIAS DE CRISE

"Vocês suprimiram tudo quanto
o dinheiro pode oferecer."
25 de março de 1923[1].

É isso mesmo, há conseqüências para a crise que estamos atravessando! A cultura deu um passo e a decoração hierárquica caiu. A participação de todos na lida cotidiana derrubou os obstáculos; as distâncias

1. Palavras ditas pelo Sr. M... ao filho por ocasião de sua instalação em sua nova casa em Paris. O Sr. M... filho é um americano cujas rendas lhe teriam permitido mobiliar o mais suntuoso solar da Rue de Varenne... ou da Avenue du Bois. Mas ele adquiriu à margem do Sena uma velha casa com fachadas de estuque liso, com aberturas muito regulares formadas por janelas uniformes; dessas casas sem idade de que Paris é tão rica e que nos oferecem um modelo consumado da moradia "padronizada"; pelo menos o padrão da época pré-maquinista e que remonta a Henrique IV. O Sr. M... instalou-se nela com caiação branca.

diminuíram; um dono de fábrica sabe apertar a mão de seu porteiro. Voisin, que quer ganhar o Grande Prêmio, necessita de seu piloto Rougier, e o adula; Rougier necessita de seu mecânico, e o paparica; Voisin paparica seu mecânico e até mesmo o aprendiz participa da festa.

Os dourados se apagam e o pardieiro não tardará a ser suprimido.

O palácio de um homem não mais existe; o fausto deixou o tapete Aubusson e sobe para instalar-se no cérebro. A casa operária já ocupa belos espaços salubres e alegres, e o banheiro entra no dicionário corrente; a primeira classe de metrô só se diferencia por quatro tostões da segunda; a parte aberta do ônibus é o local democrático onde se empilham os homens de boné e os senhores de sobretudo; soerguendo o boné o homem diz com segurança: "Fogo, por favor, senhor."

A grande vida maquinista remexeu profundamente a sociedade, arrebentou todos os cadeados, abriu todas as portas, lançou olhares a toda parte; hoje o rico sabe o que é a pobreza, porque a pode ver sem disfarces; o pobre imagina razoavelmente bem o que é a riqueza, porque a pode avaliar direta e indiretamente, ao vivo e no cinema.

Isto não é dito para "encher lingüiça", mas para incentivar a mente a deter-se um instante nessa revolução. Pois a Exposição de 1925 e a *Arte Decorativa* (já que convém chamá-la pelo seu nome!) nos deterão e nos darão talvez novos olhos, se nossas preguiças forem permanecer como estátuas de sal, com o rosto voltado para trás, para o "sempre foi assim".

Parecemos mesmo trabalhar para o estabelecimento de uma simples e econômica *escala humana*. A simplicidade resulta da complicação; a economia, da riqueza. Este último milênio, depois dos bárbaros, trabalhou muito e ofereceu-se as alegrias ruidosas da adolescência. Quando minha tia me dava dez tostões, eu corria comprar doces cobertos de creme e de açúcar derretido, obras-primas de artesão, pagodes! Julgava-me um príncipe. Parecemos perceber hoje que, por mais rico que sejamos, nunca somos capazes de comer um frango inteiro. O frango fixa a medida da escala humana. Os bois inteiros que se assavam nos ágapes ancestrais agora só ocupam o fundo de um prato: o bife. Tendemos a redescobrir a escala humana; e, no campo do parecer e do consumir, do espírito e do ato, da felicidade que está no coração e do gesto que está nas mãos, redescobrir a escala humana é tender à sabedoria. Diógenes já não está tão longe.

Se a dura vida maquinista, que é nosso quinhão, impõe a nosso espírito uma feição áspera e severa, é porque uma página foi virada; e está aí uma existência nova, que não é muito amiga de brincadeiras.

Fuselagem Farman-Goliath.
Um resistência enorme, uma leveza espantosa, esbelteza e amplidão.

Os *dancings*? Os teatros, o nu no teatro de revista? Mas trata-se de uma parte de desejos lícitos – exutórios. Exutórios, pois estamos à espera de que se organize essa sociedade totalmente nova. A fatalidade do progresso é uma fada prodigiosa, nem má nem boa, neutra, pura e simplesmente cega; ela tem um chicote que acerta todos. Resistir seria quebrar a cara; ou é ser muito rico para poder (e quebra-se a cara de sua alegria), ou é tornar-se "o artista contestador" porque se está desocupado (e quebra-se a cara de sua dignidade).

Não espernear, mas participar com alegria dessa magnífica corrente e organizar o curso de uma vida mais ampla, empenhada no trabalho, visando a metas criativas, à qual se deve dar descanso com a recreação do corpo e encher de alegria com as investigações da mente.

Tal vida se prenuncia mais severa. Mas também o progresso, que é seu animador, dá-nos os instrumentos que põem em movimento a vida interior (instrumentos esses que começaram com este livro).

Àquele homem rico, o pai disse: “Você suprimiu tudo quanto o dinheiro pode oferecer.” Esse homem de negócios americano expressava um pensamento simples. Mas era, proferido por um filho do século, a elevada moral deste século, à qual seu ideal aspirava obscuramente.

Há e surgirão ainda conseqüências para a crise que separa uma sociedade pré-maquinista de uma nova sociedade maquinista; a intimidade da consciência apenas está começando a percebê-las.

* * *

Sem comentários, essa pequena canção do grumete encarapitado no mastro do navio que vai ser torpedeado nesta bela tarde de outono.

PARIS,ce 26 Mars 1922.

FLIRT

LITTÉRATURE
ARTS
ÉLÉGANCES

Monsieur,

"FLIRT"!évoque en une seule et unique syllabe tout le charme des heures délicieuses de notre vie moderne...

"FLIRT",dont le premier numéro paraître le 15 mai prochain, n'est pas une nouvelle Revue quelconque,c'est, rénové selon le goût du jour, l'ensemble des tendances qui ont fait du XVIII° siècle,celui entre tous le plus représentatif de notre caractère national,en ce qu'il a de plus vaporeux,de plus fin,de plus brillant.......

"FLIRT"c'est le champagne qui mousse,pétille...C'est l'esprit frondeur de Voltaire,le madrigal de Marivaux, la grâce de Boucher,de Watteau,de Fragonard...........

e assim vai!

Ensaio estático de uma fuselagem. Resiste a uma tempestade, e é uma grande estrutura em balanço!

* * *

A Exposição de 1925 e a arte decorativa (já que convém chamá-la pelo nome) nos retêm, pois, nessa revolução silenciosa que se efetua à nossa volta e em nós e faz com que não ajamos mais como nossos avós.

Agir é movimentar-se, pegar, manipular, ver e olhar.

Perfilados longitudinais e montantes de aviões. Eis elementos que suportam o máximo de pressão, e leves como um pássaro. Ricos de resistência e econômicos de materiais. Invólucro opulento e perfis vigorosos, exatos, que nos conduzem aos do Partenon.

O olhar é diferente, o espetáculo é outro e os meios são outros.

A arte decorativa (quem achará outro nome?) tem por missão encher-nos de comodidades, em conseqüência, servir-nos cortês e utilmente, acima de tudo. E também enlevar-nos em seguida, claro.

***

Trata-se, portanto, sobretudo de uma questão de organização, de mecânica interior. Vocês não acham que já estão cuidando disso em certas indústrias não catalogadas entre as artes decorativas? E que, se tal instrução fosse clara, a indústria acorreria, serviçal, engenhosa, pressurosa, assombrosa de afagos[2] de todas as espécies. Sim, admitamos isso. E, para ilustrar o conjunto das conseqüências, detenhamo-nos, por exemplo, na construção de madeira, que é o fundamento do móvel e, por conseguinte, das artes decorativas. Preliminarmente, afirmemos

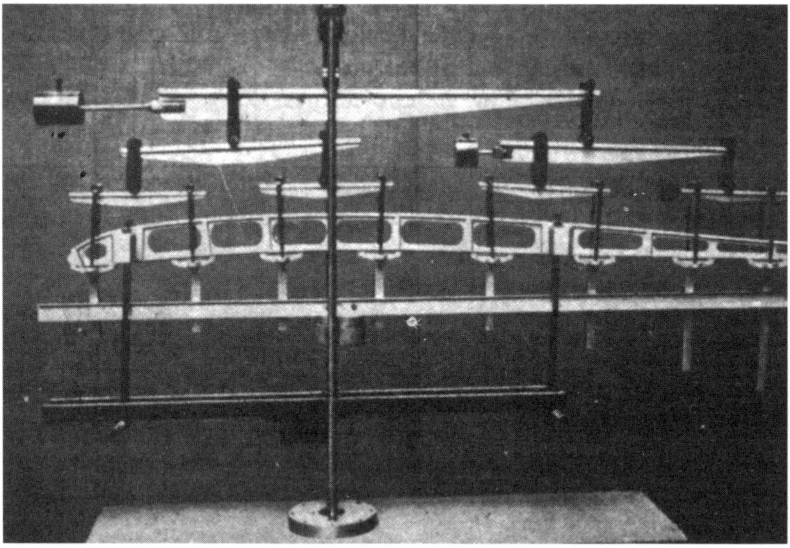

Ensaio das nervuras de aviões. A economia conduz a madeira aos mesmos destinos que o ferro: ferros perfilados, pilares de pontes, etc.

2. O banqueiro que gira a manivela de sua máquina de calcular, o escritor que monologa na correta acústica de seu ditafone.

Fabricação de uma fuselagem monobloco. E acusam o cálculo e a economia de levar à magreza! Na verdade, esta é uma profissão nova que nos encontra desamparados, desarmados.

sem rodeios que não há razão nenhuma para a madeira permanecer a matéria-prima essencial do mobiliário. Solicitada, a indústria proporá depressa novos companheiros: o aço, o alumínio, o cimento (com preparações), a fibra, e... o desconhecido! Depois o Faubourg Saint-Antoine enviará seus aprendizes a Levallois, a Issy-les-Molineaux, às fábricas de aviões e de automóveis (oh! tomara que esta última sugestão, divulgada pela imprensa onipresente, não tenha efeito contrário e se torne o lugar-comum, o chavão, a cantilena de amanhã!). A fábrica de aviões e de carrocerias emprega a madeira consoante métodos tão novos, que o móvel de madeira já não tem o direito de ser concebido como antes e que vocês e eu, que "pensamos o móvel" com nossa bagagem tradicional, pois bem, nós já não servimos para nada: precisamos reeducar-nos. Lá, era a economia do passado; aqui, é a economia do presente; uma grande ciência, a experimentação (mesmo dramática: os aviões), o controle dos laboratórios a constituem. O século é novo, com suas conseqüências fatais; a vitalidade do país, o fenômeno vital de progresso reclamam que se levem em conta as conseqüências. É isso que era preciso demonstrar. O exemplo estende-se a tudo.

Para continuar a semear a dúvida proveitosa, esbocemos alguns jogos de conseqüências:

A eletricidade e os lustres?

O vidro de Saint-Gobain e as pequenas madeiras das janelas ou o vitral?

Os ferros perfilados (no laminador) e o ferro batido?

A luz do dia alegre e os baldaquins?

O vagão-restaurante (80 convivas) e as suntuosíssimas ordens à Luís XVI?

A jornada de oito horas dos empregados domésticos e nossas alcovas-bazares de bibelôs?

A crise dos transportes, o custo dos carretos e as belíssimas paredes espessas que formam tão belos vãos de janelas?

A porcelana fina e as louças regionalistas?

A calefação central e as velhas lenhas espessas que pulam?

As artes decorativas e a Exposição de 1925 nos detêm nessa revolução geral e silenciosa das ferramentas, surda e desconcertante.

* * *

Para enlevar-nos em seguida, as artes decorativas *ouvirão* a voz diogênica: "Você suprimiu tudo quanto o dinheiro pode oferecer."

Limitemo-nos ao espírito e não façamos estardalhaço com a letra!

Documentos fornecidos pela Subsecretaria da Aeronáutica Francesa (Sr. Pitois, engenheiro do serviço de fabricações).

1925

EXPO.
ARTES DECO.

5

A locomotiva bem que um dia acabou pondo o mundo em movimento.

Foi a idade do minério, a idade do aço. O aço em nossas mãos, e foi a máquina; com a máquina, o cálculo; com o cálculo, a solução da hipótese, com a solução da hipótese, a do sonho. Em cem anos tudo foi fomentado: a revolução industrial, a revolução social, a revolução moral.

A indústria soprou no mundo, foi a borrasca.

O industrial pensou: "Dissimulemos a pacotilha sob a decoração; a decoração esconde as falhas, as manchas, todos os defeitos." Consagração da camuflagem. Inspiração desesperada e triunfo comercial.

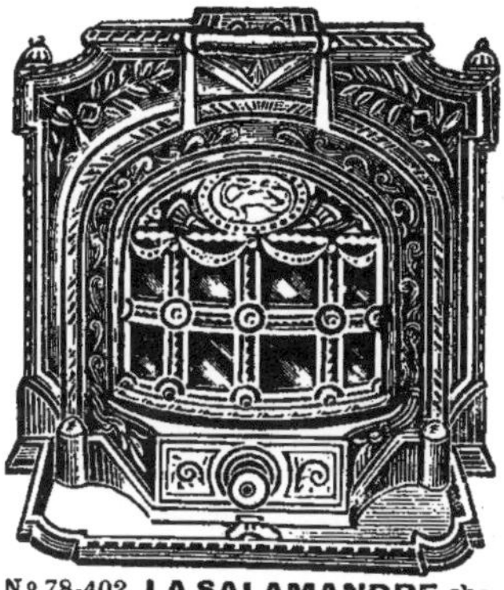

N° 78-402. **LA SALAMANDRE** cheminee roulante feu visible et continu forme carrée Louis xv et Louis xvi Fonte brute **420.** » ornements nickelés **525.**» Email majol **580.**»

UMA BORRASCA

O processo estava amadurecendo fazia muito tempo; mas revelou-se de repente. Stevenson pusera sobre sumários trilhos engraçadas locomotivas; elas bem que puseram um dia o mundo em movimento. Foi então a idade do minério, uma nova idade do ferro, a bem dizer, a *idade do aço*. Uma vez o aço em nossas mãos, foi a máquina; com a máquina, o cálculo; com o cálculo, a solução da hipótese; com a solução da hipótese, a do sonho. Em cem anos tudo foi fomentado: a revolução industrial, a revolução social, a revolução moral. Eis o que está feito ou sendo terminado. A indústria soprou no mundo, foi a borrasca.

Se as linhas vitais da sociedade saíram dos eixos, imaginem o pequeno rebuliço no pequeno coração das pessoas: a borrasca vertia a cântaros sobre nós os frutos milagrosos da primeira indústria; esta, em forma de cornucópia cinzelada de óvalos e de acantos à moda de todos os artífices dos Reis, divertimentos cotejados pelos arqueólogos nascidos precisamente nesse período desmantelado. Não se tinha a menor idéia dos verdadeiros fins da aventura.

O Sr. LUÍS FILIPE, de suíças, disse simplesmente com seus botões: "Aí está o que vai permitir-me, por um baixo preço, abrilhantar o interior de minha casa." E assim foi feito.

O BURGUÊS DISSE: "É assombroso; colho o fruto amadurecido da Revolução: cortaram a cabeça do Capeto; eu é que sou o rei, viva o rei!

Terei ornatos de folhagens em meu calefator (Benvenuto Cellini) potência cúbica: BC^3;

Minhas janelas adornadas de rendas (valencianas, de Veneza, de Bruges, da Escócia) lei das combinações: $A_m^n = (m-1)(m-2)\ldots(m-n+1)$;

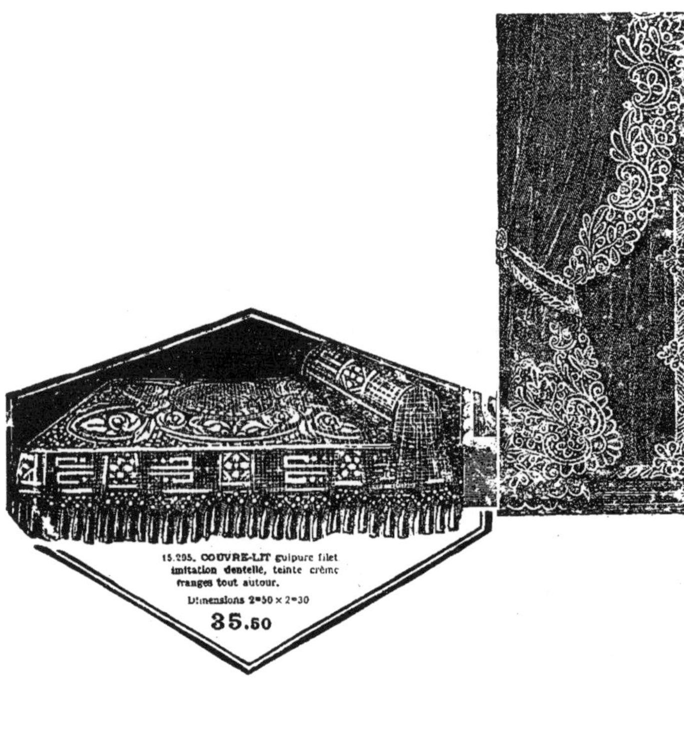

Minhas poltronas Luís XIV (majestosas) com uma transfusão de Luís XVI (tão distinto): $(a + b)^2 = a^2 + b^2 + 2\,ab$:

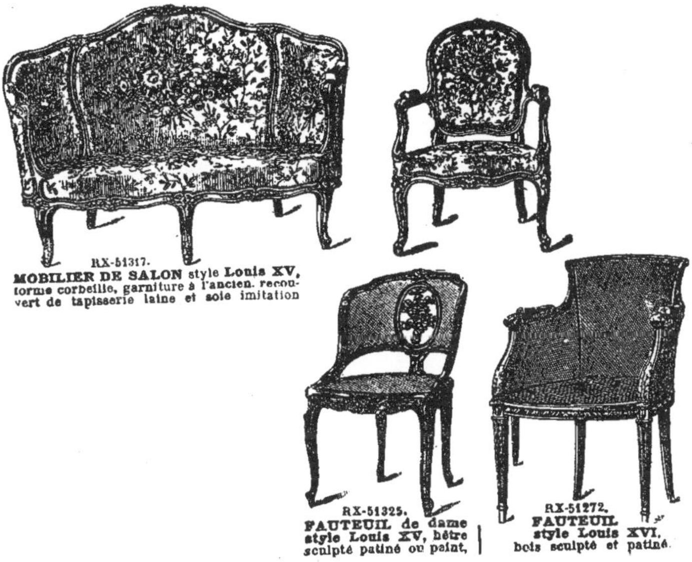

Minhas paredes adamascadas (de papel), Companhia das Índias, Gênova, Veneza, progressão aritmética: $S = na + \frac{n\,(n-1)}{2}\,r$;

Meus lambris como A Galeria dos Espelhos, de imitação de mármore, etc."

01-34756 'Amour Musicien'. GARNITURE bronze imitation, socle marbre, mouvement garanti, à sonnerie et quinzaine.

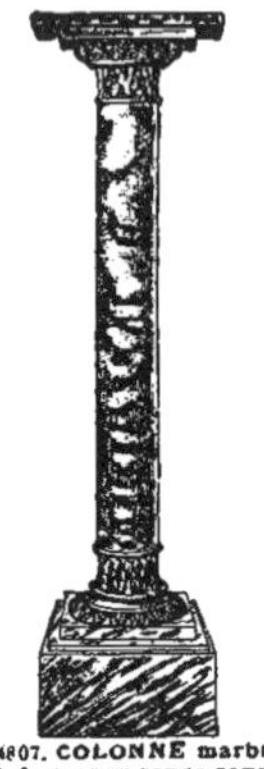

01-34807. COLONNE marbre vert de mer ou rouge royal, monture bronze, décoré ton

01-34790. " LION AUX AGUETS " Sujet vrai bronze. Long. 0m65.

(E, no entanto, as locomotivas, o comércio, o cálculo, esse trabalho direcionado para a precisão, causaram contemporaneamente danos a seu jabô e suas roupas tenderam para negro ou para mescla, pura e simplesmente; o chapéu-coco surgiu no horizonte. A lei de Darwin aplicava-se com segura fatalidade a esse senhor vivo, mais depressa do que a seus acessórios.)

O INDUSTRIAL DISSE (defrontava pela primeira vez com o problema do aperfeiçoamento e sua produção amargava os fracassos de última hora): "Decididamente, só fabrico a preço acessível a pacotilha. Mas a decoração me salva; cubramos de decoração *tudo*. Dissimulemos a pacotilha sob a decoração; a decoração esconde os defeitos, as manchas, todas as falhas." Inspiração desesperada e triunfo comercial.

Decoração em todos os metais fundidos (ferro, cobre, bronze, estanhos, etc.).

Decoração em todos os tecidos (cortinas, mobiliário, costura).

Decoração em toda a roupa branca (roupas de mesa, íntima, de cama).

Decoração em todos os papéis.
Decoração em todas as louças e porcelanas.
Decoração em todos os objetos de vidro.
Decoração em todos os setores! Decoração, decoração: pois é, em todos os setores; o grande magazine fez a "felicidade das damas"!*

MB-50219 BUFFET Renaissance, noyer ciré sculpté

* Alusão ao romance de Zola *Au bonheuer des dames*, cujo eixo é a paixão de Octave Mouret, dono do grande magazine que dá nome à obra, por uma vendedora. (N. do E.)

A.C. 1.
ÉCLAIRAGE
fer forgé
monté
à l'électricité,
4 lumières.

PX-30084.
EMBRASSE
cuivre verni
ton or. **6.50**

PX-30087
RINCEAU
cuivre verni
ton or.. **3.90**

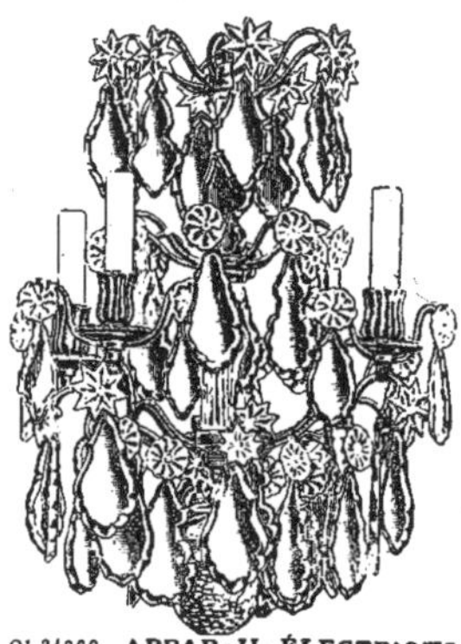

OI-34860. **APPAREIL ÉLECTRIQUE**
monture bronze, garnitures cristal,
4 bougies et 4 lampes intérieures.

TA-26657.
HUILIER cristal Saint-Louis,
modèle Louis XV
taillé petites côtes.
89.

NF-62315. **SERVICE LOUIS XIV**, orfèvrerie Gallia argentée, anses isc-

OI-34651. **GALERIE LOUIS XVI**, bronze poli ou décoré ton or. *Hauteur* 0=26.....................

Não se poderia revogar com um decreto fantasioso tal postulado comercial.

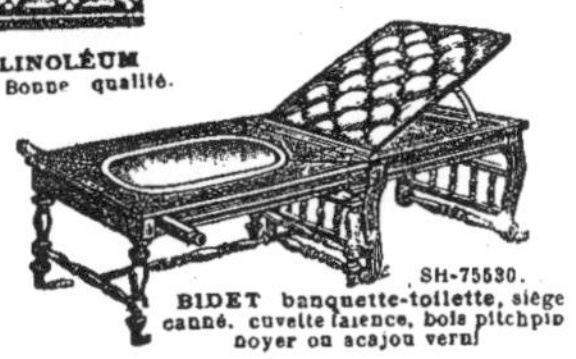

O CAMPONÊS DO DANÚBIO OPTOU:

Optou pela decoração, porque no fundo de sua alma é camponês. Disse: "minhas vasilhas usuais, minhas roupas usuais são uniformes, lisas e cinzas". A locomotiva traz vagões repletos da porcelana delicada coberta de rosas tão finas quanto flores, conchas e ornatos dourados brilhantes. De repente, o camponês do Danúbio fascinado, totalmente fascinado, deixa de acreditar em seus folclores: deixa-os de lado como um grosseirão, em toda parte, em todos os países aonde chegou a locomotiva – em toda a terra...

Até mesmo o último dos moicanos! Apenas constituem-se comissões nas casas aristocráticas das grandes cidades, para salvar os folclores; congressos, discursos, revistas, manifestos, exposições. Mais tarde o cinema deveria terminar a obra da locomotiva. O camponês do Danúbio optou. Deixa de haver folclore, passa a haver toda a decoração da pacotilha industrial. Em toda parte!

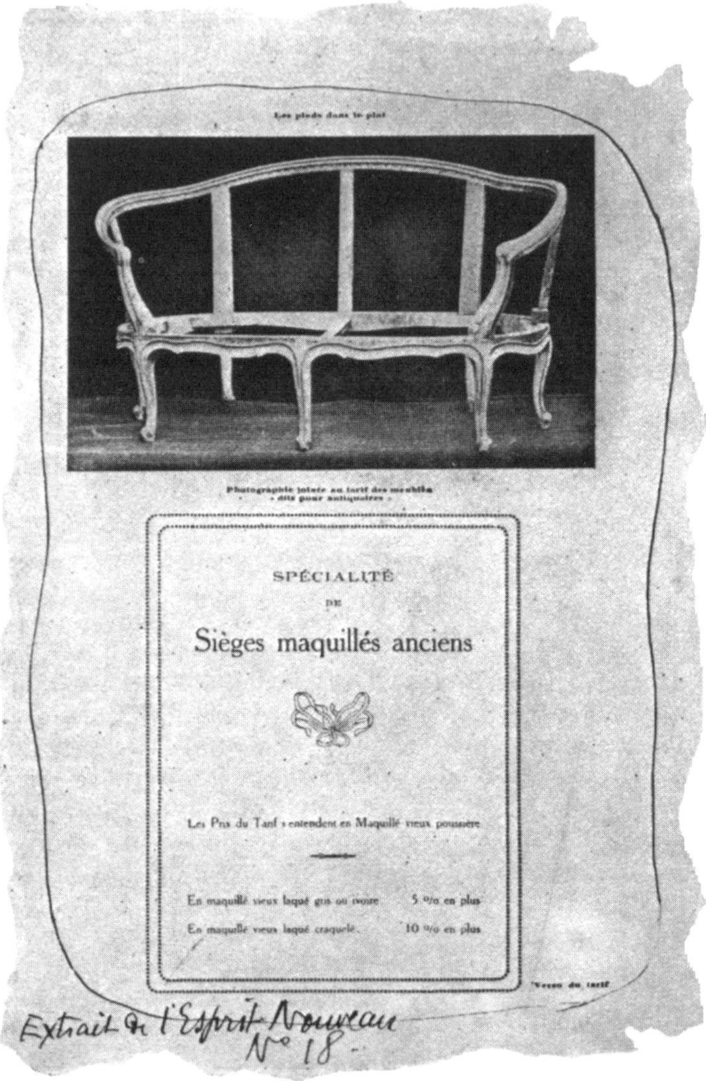

Documentos autênticos e confidenciais referentes à fabricação das falsas antiguidades ditas "para antiquários".

MANUFACTURE DE SIÈGES

TARIF 1923

Le présent Tarif annule tout précédent

SIÈGES MAQUILLÉS VIEUX POUSSIÈRE

N°	Désignation	Prix	N°	Désignation	Prix	N°	Désignation	Prix
322	Chaise	210.—	531 B	Caqueteuse	285.—	623	Fauteuil	225.—
337	Fauteuil	275.—	510	Bergère haute	275.—	624	Bergère	390.—
365	»	255.—	540	Bergère basse	275.—	625	Lit repos	515.—
371	»	145.—	545	Caqueteuse	270.—	626	Fauteuil	275.—
377	Caqueteuse	270.—	549	Chaise	135.—	629	Chaise	165.—
378	Chaise	85.—	561	Chaise	165.—	630	Fauteuil	230.—
»	Cannée	145.—	562	Fauteuil	270.—	637	Fauteuil	310.—
»	Fauteuil	175.—	564	Fauteuil	265.—	640	Fauteuil	315.—
»	Canapé	255.—	566	Bergère	235.—	641	Fauteuil	248.—
486	Fauteuil	180.—	567	Fauteuil	245.—	642	Fauteuil	245.—
487	»	245.—	568	Bergère	240.—	643	Fauteuil	225.—
488	»	200.—	569	Fauteuil	225.—	644	Fauteuil	295.—
489	»	225.—	570	Chaise	115.—	645	Fauteuil	295.—
498	»	190.—	571	Fauteuil	255.—	646	Bergère	485.—
499	»	225.—	572	Canapé	375.—	648	Bergère	285.—
500	Bergère	235.—	573	Marquise	260.—	649	Fauteuil	210.—
502	Lit repos	525.—	574	Chaise	125.—	650	Canapé	335.—
504	Canapé	525.—	585	Fauteuil	285.—	»	Fauteuil	225.—
»	Le Fauteuil	265.—	591	Lit repos	565.—	»	Chaise	125.—
505	Canapé	625.—	592	Fauteuil	235.—	»	Bergère	245.—
506	Bergère	285.—	594	Bergère	255.—	»	Lit repos	680.—
508	»	235.—	595	Fauteuil	225.—	658	Bergère	295.—
510	Fauteuil	225.—	599	Lit repos	480.—	662	Chaise	95.—
512	»	335.—	601	Canapé	345.—	663	Fauteuil	310.—
514	Chaise	145.—	602	Chaise-longue ...	315.—	664	»	205.—
517	»	175.—	604	Fauteuil	295.—	666	»	295.—
520	Lit repos	625.—	605	Fauteuil	225.—	667	Banquette	185.—
521	Fauteuil	190.—	614	Canapé	375.—	668	Banquette	185.—
522	Bergère	235.—	614	Bergère	260.—	669	Bergère	325.—
525	Chaise longue	490.—	616	Madone 35 cm. ..	135.—	672	Lit repos	580.—
526	Canapé	305.—	616	Madone 48 cm. ..	175.—	673	Fauteuil	235.—
528	Chaise	125.—	620	Fauteuil	255.—	674	»	245.—
530	Fauteuil	215.—	621	Chaise-longue ...	555.—	675	»	235.—
531	Fauteuil	195.—	622	Bergère	260.—	677	»	270.—

Extrait de l'*Esprit Nouveau*, n° 18.
Documents authentiques confidentiels relatifs à la fabrication des fausses antiquités dites « pour antiquaires ».

Extraído de *Esprit Nouveau*, nº 18.
Documentos autênticos e confidenciais referentes à fabricação das falsas antiguidades ditas "para antiquários".

Fotografia anexada à lista de preços dos móveis ditos "para antiquários".

Spécialité de Sièges
maquillés ancien

Nos sièges " dits pour antiquaires „
s'entendent : Construction à l'ancienne, vieux bois chevillés, Assemblages verticaux, Mortaises, traces de clous aux feuillures, Patine ancienne, etc...

La plupart de nos sièges sont copiés d'après des modèles anciens

Prospectus d'un fabricant.

Prospecto de um fabricante.

* * *

Nojento.

Enojado, *O BOM AMADOR DE ARTE DIZ:* Cumpre retornar à natureza. A natureza é bela porque é *sensível.* E, por um silogismo impecável, conclui-se: "a natureza" é o trabalho à mão, porque a mão é sensível e, por sinal, a mão é natural.

Trabalho feito todo à mão. Ante os inumeráveis produtos da indústria, produtos da máquina, é esta a defesa: *trabalho à mão.* Mística. Evocação de Bernard Palissy. Invenção das fusões de esmaltes. O acaso do forno, trata-se da natureza; a fusão do esmalte que fracassa, trata-se da natureza: culto dos "fracassados".

OS MINISTROS DE BELAS-ARTES, OS LÍDERES POLÍTICOS DISSERAM: "Urge salvar o artesanato". A imprensa não perde a deixa de fazer matérias sobre o assunto:

A EXPOSIÇÃO DO ARTESANATO

O artesão! Esse modelo do trabalhador livre, que se acreditava desaparecido para sempre na tormenta revolucionária, reviverá entre nós? Decerto o maquinismo moderno parece tornar-lhe a existência impossível, e acontece isso, de fato, na maioria dos ramos da atividade industrial na qual, nesta época de vida cara, há uma tendência crescente para a fabricação em série.

....

É uma interessante demonstração a que oferece, a esse respeito, a exposição nacional dos ofícios que acaba de ser aberta no Grand Palais. Nela vêem-se curiosos espécimes de trabalhos manuais, muitos dos quais são realmente artísticos e provam que o artesanato, glória de nossos pais, sobreviveu às inumeráveis provas de uma sociedade possuída pelo demônio da velocidade. Melhor: há provas de um magnífico renascimento.

Aqui, são objetos de ferro batido que o operário modelou, flexibilizou como bem entendeu, ora dando-lhe a forma de uma flor, ora rivalizando em fantasia e em graça com a renda. Lá, são os artigos de vidro, porcelanas, cerâmicas decoradas à mão. Acolá, tecidos ornamentados usando-se máscaras, motivos de decoração, etc.

....

Em resumo, essa exibição está repleta de resultados alcançados e de felizes promessas. Felicitamos sinceramente os organizadores bem como os expositores. E desejamos, para terminar, que os poderes públicos, não contentes em ter dado ao artesanato as facilidades necessárias de crédito, permitam-lhe, com a instituição de Câmaras de Ofícios, desenvolver-se para o bom nome da arte francesa.

(*Les Débats*, 17 de julho de 1924.)

Os diretores de revistas de arte incentivam "a coisa" e os editores trabalham.

OS JOVENS DIZEM CONSIGO MESMOS (pois convém saber que

daqui para a frente a máquina decretou a inflexível exatidão, o rigor implacável): "Trabalho à mão. Culto dos 'fracassados'. Apologia da garatuja. Hora descontraída do inexato. Triunfo do eu mole. Regozijo do livre-arbítrio, estima da reserva. Supressão do controle.

Supressão do controle. Liberdade.

Ó liberdade!

Eis, portanto, a carreira em que ainda reina a liberdade. Refúgio insigne da liberdade, em todos os outros lugares pisoteada, reprimida..."

O PÚBLICO ADERIU: É, o público aderiu, ele adere. Assombrosamente.

– É verdade?

– Cale-se, está chegando a Exposição Internacional de 1925.

Silêncio! Parece que se ouvem ao longe ruídos emocionantes.

Uma adivinha: "1926? A Borrasca passou!"

O Departamento meteorológico, Sr. Nordman: "Idem."

* * *

Por outro lado, em pleno sol, o mecânico fundou, com seu ajuste, uma nova ordem.

A idade da pedra.

A idade do bronze.

A idade do ferro.

....

Hoje: *a idade do aço.*

Uma porta da caixa-forte de um banco.

Nota 1. – A vista das imagens deste capítulo é de morrer de rir! Contudo, esses ornatos – esse estilo, numa palavra – originam-se diretamente de obras do passado reputadas admiráveis.

Qual será, vista com um recuo de cinqüenta anos, de vinte anos até, a aventura atual das artes decorativas modernas? Vendo essas imagens de catálogo que inundam o país, Paris, o interior e o estrangeiro, e *são a educação das multidões*, dizem: arte de zeladora!

Qual será o julgamento de nossos filhos acerca das inumeráveis atividades dos decoradores que largaram os estilos e se dedicam à decoração "moderna"?

Nota 2. – Todos os objetos reproduzidos neste capítulo estão à venda atualmente nas lojas de Paris.

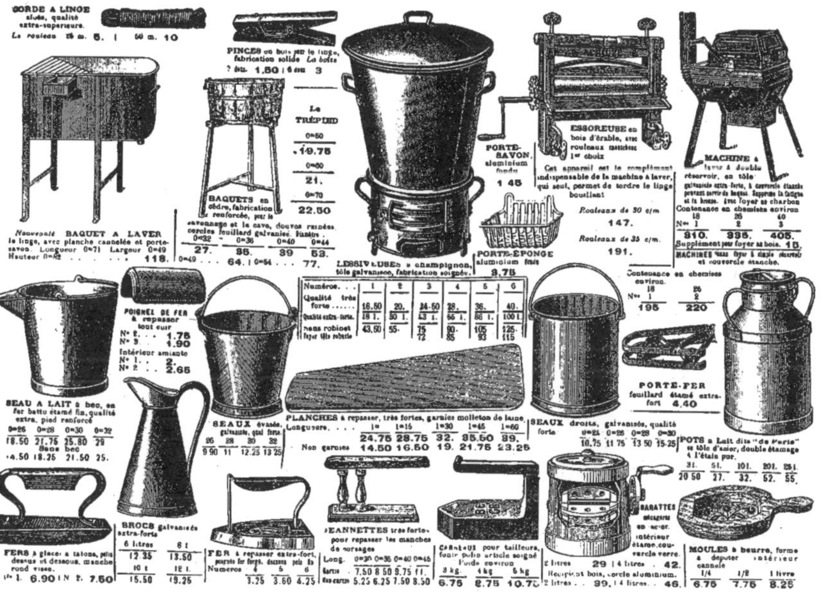

1925

EXPO.
ARTES DECO.

6

Buscar a escala humana, a função humana, é definir necessidades humanas.

Tais necessidades são padrões. Temos todos necessidade de completar nossas capacidades naturais com elementos de reforço.

Os objetos-membros humanos *são objetos-padrões que atendem a necessidades-padrões.*

A arte decorativa é um termo vago e inexato com o qual se representa o conjunto dos objetos-membros humanos. *Estes atendem com certa exatidão a necessidades de ordem claramente objetiva. Necessidades-padrões, funções-padrões, portanto, objetos-padrões, móveis-padrões.*

O objeto-membro humano é um servidor dócil. Um bom servidor é discreto e se retrai para deixar seu patrão livre.

A arte decorativa é uma ferramenta, uma bela ferramenta.

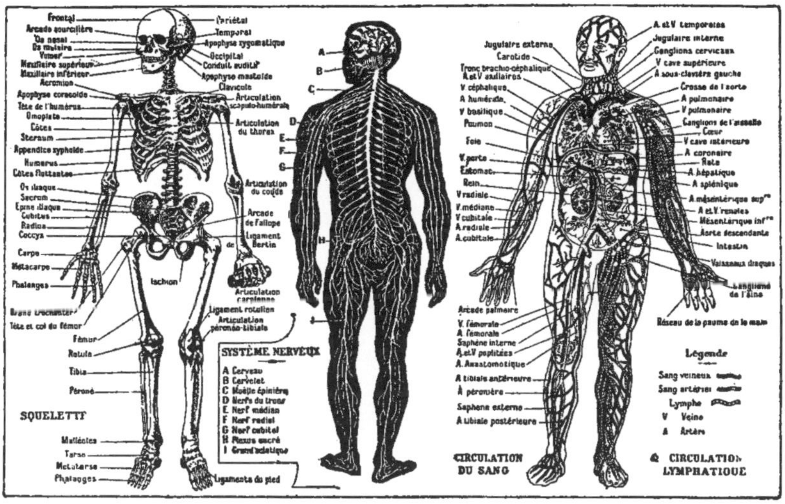

NECESSIDADES-PADRÕES MÓVEIS-PADRÕES

É aqui que deixamos os reinos angustiantes da fantasia e do incongruente e podemos retomar posse de um código com artigos tranqüilizadores. O poeta decai, é verdade; cai das cornijas e dos baldaquins e se torna, mais utilmente, cortador na oficina de um alfaiate, tendo um homem à sua frente e ele, de fita métrica na mão, tomando medidas de seu homem. Eis-nos de novo em terra firme. Serenidade tonificante das certezas!

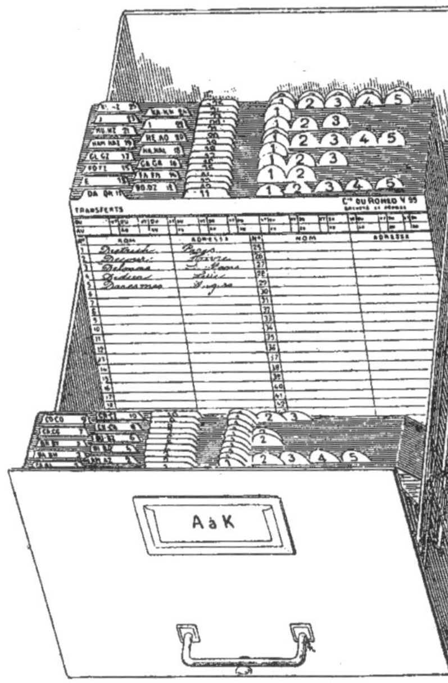

As fichas "Ronéo".

Quando um fator de nossa equação técnico-cérebro-sentimental cresce de forma desmedida, sobrevém uma crise, pois as relações ficam

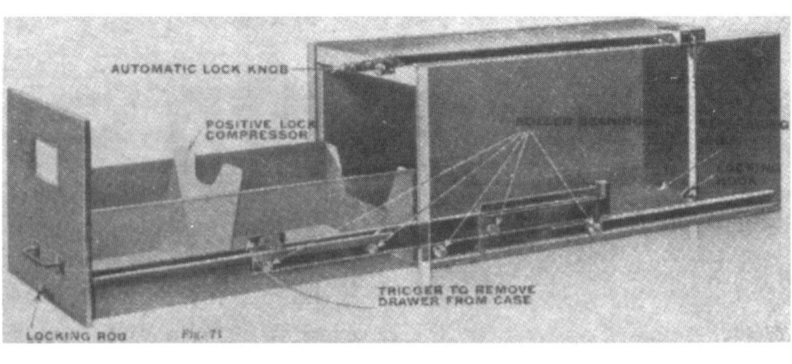

As gavetas deslizam suavemente sobre rolamentos (Ronéo).

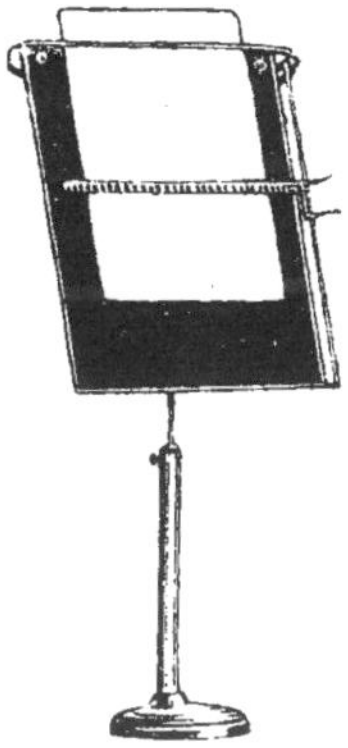

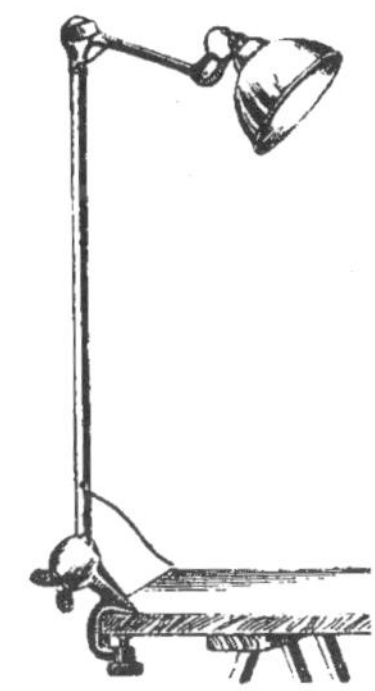

desequilibradas, as relações entre nossa entidade cérebro-sentimental e as coisas de nosso uso, exteriores a nós e que continuamos a produzir de um modo rotineiro ou então em antecipação a um estado de coisas aceito e em reação a este. A noção de causa e efeito desmorona. Somos tomados de inquietação porque já não estamos adaptados; revoltamo-nos contra uma servidão forçada a coisas *anormais*, sejam elas retrógradas ou sejam por demais antecipadas.

A bússola nos salvará da desorientação; a bússola, nesse caso, somos nós mesmos: um homem, uma constante, a bem dizer, o ponto fixo que é o único objeto de nossa solicitude. Logo, é preciso empenhar-se em encontrar sempre a *escala humana*, a função humana.

Uma vez que hoje grassa a crise, não há tarefa mais urgente do que a de nos empenharmos numa readaptação a nossas funções, em todas as

Como são classificadas habitualmenteas plantas.

Como são mais bem classificadas (Ronéo).

A busca do melhor conduz a reviravoltas de concepção.

áreas. Suspender alguns instantes a nossa atenção captada pelas lidas habituais e pensar *no porquê*, refletir, avaliar, decidir. E responder *ao porquê*, com ingenuidade, inocência, candura. Vale dizer, desembaraçar-se dos hábitos preconcebidos, depositar nos cofres de seu banco, no terceiro subsolo, atrás de uma porta de aço, seu capital de recordações e, deixando lá toda a poética do passado, formular desejos terra-a-terra.

Buscar a escala humana, a função humana, é definir as necessidades humanas.

São elas pouco numerosas; são muito idênticas entre todos os homens, pois todos os homens são feitos a partir da mesma fôrma desde as épocas mais remotas que conhecemos. O Larousse, encarregado de nos fornecer a definição do homem, nos apresenta três imagens para desmontar esta ante nossos olhos; toda a máquina está lá, carcaça, sistema nervoso, sistema sanguíneo, e trata-se de cada um de nós, exatamente e sem exceção. *Essas necessidades são padrões*, isso quer dizer que todos nós temos as mesmas; *temos todos necessidade de completar nossas capacidades naturais com elementos de reforço*, pois a natureza é indiferente, inumana (extra-humana) e inclemente; nascemos nus e insuficientemente armados. Assim, a palma da mão de Narciso nos levou a inventar a garrafa; o tonel de Diógenes, que já era um famoso melhoramento de nossos órgãos de proteção (nossa pele e nosso couro cabeludo), dá-nos a célula primordial da casa; os classificadores, a cópia de cartas suprem às ausências de nossa memória; os armários, os aparadores são os estojos onde guardamos nossos membros auxiliares de garantia contra o frio ou o calor, contra a fome ou a sede, etc. Essas definições de aspecto paradoxal levam-nos muito longe da Arte decorativa; elas são, na verdade, a própria razão deste capítulo.

Falando de arte decorativa, temos o direito de afirmar a qualidade-padrão de nossas necessidades, já que temos de nos ocupar dessa mecânica que nos cerca e é, exatamente, apenas o prolongamento de nossos membros; são, para dizer a verdade, *membros artificiais*. A arte decorativa se torna ortopedia, atividade que recorre à imaginação, à invenção, à habilidade, mas ofício análogo ao do alfaiate: o cliente é um homem, conhecido de todos e claramente definido.

Igual opinião é partilhada pelos montadores de automóveis, pelos instaladores de cinemas, pelos fabricantes de vidros e de louças, até mesmo pelos arquitetos que concebem caixas de aluguel. Entretanto, recentemente, uma das altas personalidades que dirigem os destinos da Exposição de 1925 se insurgia violentamente; com o espírito apegado à múltipla poesia, reclamava para cada indivíduo um objeto diferente, pretendendo casos sempre particulares: o homem gordo, o homem magro, o baixo, o alto, o sanguíneo, o linfático, o violento, o meigo, o utopista, o neurastênico; depois as vocações: o dentista e o homem de letras, o arquiteto e o negociante, o navegador e o astrônomo, etc. Vê o caráter do indivíduo ditar-lhe todos os atos e, mediante um raciocínio vivamente articulado, modelar-lhe as ferramentas, uma ferramenta que lhe seja própria, particular, individual, nada tendo em comum com as do vizinho. *A vida é a vida, só creio na vida. Vocês matam o indivíduo!* Logo, uma atividade fabulosa, inumerável para o ortopedista, logo, uma atividade cuja ilimitada imensidade provoca vertigem.

Seria esta, enfim, por milagre, *a definição tão procurada do termo*: ARTE DECORATIVA? Ao *objeto-ferramenta, ao objeto-membro*, opõem-nos o *objeto-sentimento, o objeto-vida.*

O argumento seria válido, uma vez que, afinal de contas, é indiscutível que apenas *a poesia*, ou seja, a felicidade, merece crédito. Mas, antes de mais nada, reconheçamos ser irrealizável esse sonho do *objeto-sentimento* individual em sua infinita multiplicidade; notemos que, na cabeça de nosso interlocutor, trata-se, de fato, de um *objeto de arte*, e responderemos mais adiante. E, em seguida, como a felicidade é a finalidade, proponhamos uma definição diferente da felicidade: a felicidade está na faculdade criadora, na atividade tão elevada quanto pos-

Composição baseada em padrões e dirigida a um aperfeiçoamento mecânico (Ronéo).

O móvel de chapa de aço nos leva às perfeições da mecânica (Ronéo).

sível. A vida (o alto custo da vida também!) sujeita-nos ao trabalho (um trabalho em geral encomendado, portanto pouco criativo) e, para muitos, a hora da felicidade está longe das horas do ganha-pão. Atividade elevada: conseguir, pelos excitantes que são para nós os fatos da vida, depois pelos livros, músicas, pelas invenções de nosso espírito, viver um pouco nossa própria vida, uma vida nossa. Logo, uma vida *individual*, e eis *o indivíduo posto em primeiro plano, no único plano*, mas separado do plano secundário de suas ferramentas. E tais investigações da mente, tal introspecção que pode ir um pouco ou muito fundo, é precisamente isto a *vida*, a *vida interior*, a *verdadeira vida*. Ela não matou, portanto, a vida, graças a Deus! E tampouco o indivíduo!

Os *objetos-sentimento*, ou *objetos de arte*, não passam de escórias ao lado desse fogo interior, ligeiro encanto e estorvo certo, talvez futilidades, bufões, bobos do rei: elementos de distração (falamos aqui dos objetos de arte decorativa). O *objeto-sentimento* lícito se situa realmente alhures e mais alto, nessa casa desentulhada, num plano mais elevado; é então a *obra de arte* e é algo completamente diferente. Pois pode-

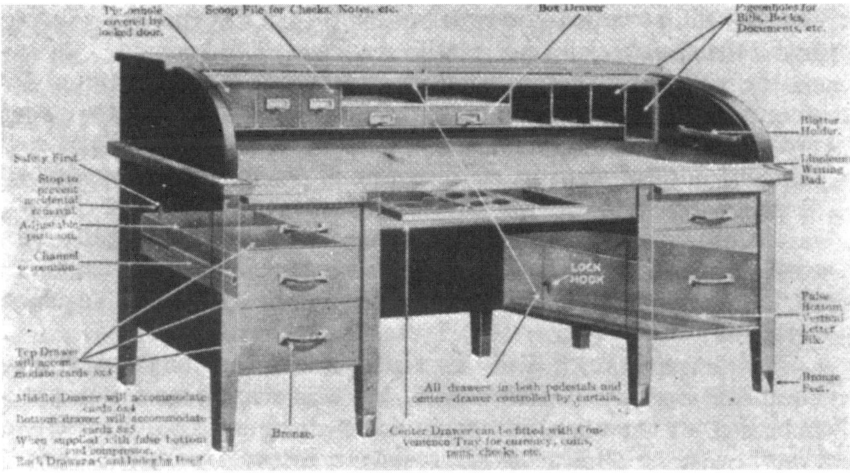

Móvel de aço (Ronéo).

mos realmente acreditar numa hierarquia e não pôr a pirografia no nível da *Sistina* (e também os vidros, o bordado ou a madeira esculpida). Disso, porém, voltaremos a falar mais tarde, já satisfeitos com esta primeira classificação.

Para nossa comodidade, para facilitar o nosso trabalho, para evitar o cansaço, para nos restaurar, numa palavra, para *libertar nosso espírito* e nos isolar da balbúrdia que estorva nossa vida e traz o risco de

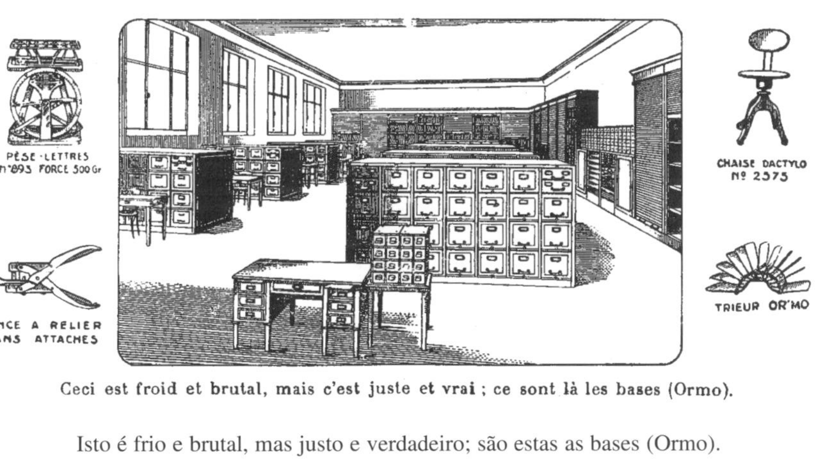

Ceci est froid et brutal, mais c'est juste et vrai ; ce sont là les bases (Ormo).

Isto é frio e brutal, mas justo e verdadeiro; são estas as bases (Ormo).

matar *nossa vida*, somos providos por nossa engenhosidade de *objetos-membros humanos*, prolongamentos de nossos membros; e, usando essas ferramentas, escapamos às mesquinhas ações, aos acidentes, às labutas estéreis que, segundo nosso interlocutor, constituem precisamente a riqueza, a multiplicidade do fato vital; *organizamos nossas atividades* e, livres, pensamos em alguma coisa – na arte, por exemplo (pois é muito reconfortante).

Os *objetos-membros humanos* são *objetos-padrões*, que atendem a necessidades-padrões: cadeiras para sentar-se, mesas para trabalhar, aparelhos para iluminar, máquinas para escrever (pois é!), estantes compartimentadas para classificar.

Se nossas mentes são diversas, nossos esqueletos são semelhantes, nossos músculos ocupam os mesmos lugares e realizam as mesmas funções: dimensões e mecanismos são, portanto, determinados. O problema está formulado, resta ver quem o resolverá engenhosamente, sólido e barato. Sensíveis à harmonia que oferece a quietude, reconheceremos o objeto que se harmoniza com nossos membros. Quando *a* e *b* são iguais a *c*, *a* e *b* são iguais entre si. Aqui, *a* = nossos *objetos-membros humanos*; *b* = nosso senso de harmonia; *c* = nosso corpo. Logo, os *objetos-membros humanos* são conformes ao nosso senso de harmonia, sendo conformes ao nosso corpo[1]. Então ficamos contentes... *até o próximo aperfeiçoamento dessas ferramentas*.

Aí está a arte decorativa conduzida à etapa perfeita pela arte do engenheiro. A arte do engenheiro é um vasto leque da atividade humana. Se os ramos de um extremo estão abertos ao cálculo puro e à invenção mecânica, os da outra extremidade conduzem à *Arquitetura*.

---

1. Assim que nasceu a máquina de escrever, o papel de cartas foi padronizado; tal padronização teve uma repercussão considerável nos móveis, conseqüência do estabelecimento de um módulo, o do *formato comercial*. As máquinas de escrever, as cópias de cartas, as caixas de classificação, as pastas, as gavetas com pastas, os móveis de classificação, numa palavra, toda uma indústria de móveis foi condicionada pelo estabelecimento desse padrão; e os mais intransigentes individualistas não poderiam espernear. Estabeleceu-se uma convenção internacional. Essas questões são tão graves que comissões internacionais se reúnem regularmente para fixar os padrões. O *formato comercial* não é uma medida arbitrária. Ao contrário, deve-se apreciar a sabedoria (média antropocêntrica) que o estabeleceu. Em todas essas coisas de uso universal, a fantasia individual se inclina ante o fato humano. Eis precisões: a relação de altura com largura do formato comercial é de 1,30. O da folha de papel Ingres é de 1,29. O dos setores de plantas de Paris estabelecidos por Napoleão I é de 1,33; das plantas Taride, 1,33. O da maioria das revistas, 1,28. O das telas de pintura – figura – (medida secular), 1,30. O dos jornais diários é de 1,30 a 1,45. O das chapas fotográficas, 1,5; dos livros, 1,4 a 1,5, o das mesas de cozinha do Bazar de l'Hôtel-de-Ville, 1,50; etc., etc.

Poder-se-á então falar da arquitetura da arte decorativa e tencionar a perenidade?

Perenidade da arte decorativa? Falemos mais precisamente dos *objetos* que nos rodeiam. É aqui que formulamos um juízo: a Sistina primeiro, as cadeiras e as estantes compartimentadas depois; a bem dizer, problema de segundo plano, como é de segundo plano, na vida de um homem, o corte de seu paletó. Hierarquia. Primeiro a Sistina, ou seja, as obras em que está verdadeiramente inserida uma paixão. Depois, máquinas de sentar, de classificar, de iluminar, máquinas-padrões, problema de purificação, de limpeza, mais de aperfeiçoamento do que problema de poesia[2].

2. Estando fixada essa hierarquia – essa mudança do interesse em prol das coisas que são dignas dele –, permanecem à nossa volta ferramentas a que chamamos móveis. No longo e minucioso aperfeiçoamento na fábrica, a cadeira Thonet adquire seu peso, seu calibre, mostra disposições que permitem uma boa preensão; seus insensíveis aperfeiçoamentos são iguais aos que recebe um motor, cuja poesia é funcionar bem e barato. A poltrona Maple, que espreita nossos gestos e apressa-se a responder a eles, adquire um aspecto cada vez mais característico. A mesa de escrever da estenógrafa é estabelecida na luta do preço de custo para ser cada vez mais agradável. Vê-se o escritório americano, que parecia um padrão realizado, dar meia-volta porque seu ajuste acusou seu erro de concepção. Percebeu-se que, na ordem rigorosa necessária para os negócios, era preciso classificar o próprio classificador. O homem de negócios agregou a si membros de reforço: sua secretária, seu contador, etc. Seus documentos devem encontrar um lugar de acordo com sua natureza; vão ser juntados em fichários e o jogo de fichas permite achá-los instantaneamente; alguns empregados, com seus móveis, são destinados a essa tarefa. O "escritório americano" classificava em desordem.

Passaram-se acontecimentos desde a era dos Grandes Reis: a mente se aloja antes atrás da fronte do que sob baldaquins esculpidos e doura-

Ronéo.

dos. "Você suprimiu tudo quanto o dinheiro pode dar", palavras significativas. Os dourados, as lacas, os mármores, os brocados são carícias que se buscarão nos jardins das carícias: os balés, os salões para dançar, os afáveis restaurantes onde cear. Carícias dos sentidos muito legítimas em suas horas e que merecem mesmo ser concedidas.

Então, eis a arrumação preciosa dos fichários exatos e circunstanciados. Essa nova classificação, que é uma determinação de necessidades, interfere na planta da sala, na planta dos locais. Falta fazer esse método entrar no apartamento, sendo esse o destino da arte decorativa: móveis padrões e arquitetura.

Depois saímos, caminhamos um pouco a pé no ar vívido; voltamos para casa. Abrimos um livro ou pegamos da pena. Nesse conforto mecânico, discreto, mudo e atencioso, há um belíssimo quadro na parede. Ou então: essa segurança precisa de meus gestos desabrocha em proporções murais que me fazem bem e me beatificam, num sistema colorido que me tonifica.

A arte decorativa é um termo vago e inexato com o qual se representa o conjunto dos *objetos-membros humanos*. Estes atendem com certa exatidão a necessidades de ordem claramente objetiva. Prolongamentos de nossos membros, são adaptados às funções humanas que são funções-padrões. Necessidades-padrões, funções-padrões, logo, objetos-padrões, móveis-padrões. O objeto-membro humano é um servidor dócil. Um bom servidor é discreto e se retrai para deixar seu patrão livre.

A bem dizer, a arte decorativa é uma ferramenta, uma bela ferramenta.

E viva o bom gosto que se manifesta pela escolha, pela apropriação, proporção, harmonia!

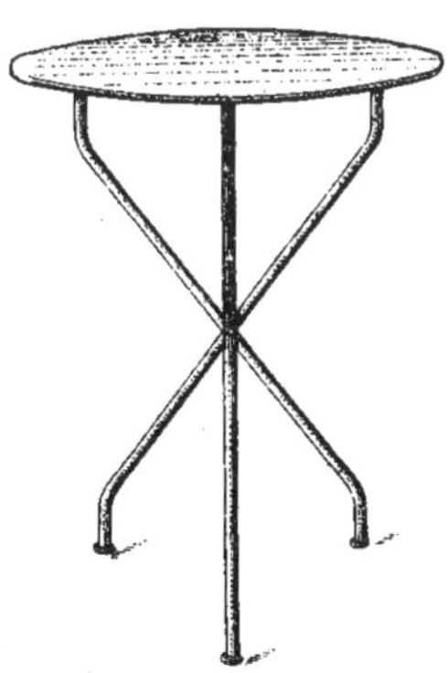

Nº 76
Guéridon rond pliant.
Diametre : 0,50. 0,55, 0,60. 0 70.

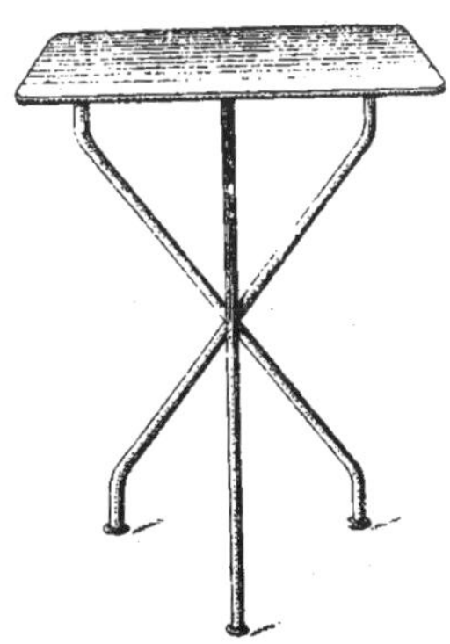

Nº 77
Guéridon carre phant.
Côtés : 0 50, 0.55. 0.60.

1925

EXPO. ARTES DECO.

7

A arte decorativa moderna não tem decoração.

Mas afirmam que a decoração é necessária à nossa existência. Retifiquemos: a arte nos é necessária, ou seja, uma paixão desinteressada que nos eleva.

Basta, pois, para entender com clareza, distinguir entre sensações desinteressadas e necessidades utilitárias. As necessidades utilitárias requerem a ferramenta, aperfeiçoada em tudo, *da mesma forma que certa perfeição se manifestou na indústria. Trata-se então do magnífico programa da arte decorativa. Dia a dia, a indústria produz objetos perfeitamente convenientes, perfeitamente úteis, de cuja elegância de concepção, pureza de execução e eficácia de serviços emana um verdadeiro luxo, que deleita nosso espírito.*

Essa perfeição racional e determinação precisa, particulares a cada um deles, criam vínculos suficientes de solidariedade entre eles e tais vínculos permitem reconhecer-lhes um *estilo.*

A ARTE DECORATIVA DE HOJE

A arte decorativa de hoje! Será que vou afundar-me num paradoxo? Um paradoxo que é apenas aparente. Reunir nessa rubrica tudo o que é isento de ornamentação e fazer a apologia do que é corriqueiro, indiferente, desprovido de *intenções artísticas*, convidar os olhos e o espírito a deleitarem-se em tal companhia e talvez a se insurgirem contra o arabesco, a mancha, o rumor barulhento das cores e dos ornamentos, a ignorar toda uma produção às vezes talentosa, a passar por cima de uma atividade às vezes desinteressada, às vezes idealista, a depreciar o esforço de tantas escolas, de tantos mestres, de tantos alunos, e pensar disso: "eles são tão incômodos quanto os mosquitos". Chegar a este impasse: *a arte decorativa moderna não tem decoração!* Não temos esse direito? O exame pode nos confirmar isso: o paradoxo não está no fato, está na palavra. Por que chamar essas coisas que nos ocupam presentemente *arte decorativa*? Aí está o paradoxo. Por que chamar de *arte decorativa* cadeiras, garrafas, cestos, calçados, todos eles objetos úteis, *ferramentas*? Paradoxo de fazer arte com ferramentas. Entendamo-nos. Digo paradoxo de fazer arte decorativa com ferramentas. Fazer arte com ferramentas é válido, se nos unimos ao Larousse que pretende que a ARTE seja *a aplicação dos conhecimentos à realização de uma concepção*. Então sim. E eis-nos aplicados a pôr todos os nossos conhecimentos na execução perfeita de uma ferramenta: saber, habilidade, rendimento, economia, precisão, soma dos conhecimen-

Voisin "Sport".

Turbinas da Brown-Boveri.

tos. Boa ferramenta, excelente ferramenta, a melhor ferramenta. Eis-nos na *fabricação*, na indústria; estamos em busca de um padrão, estamos longe do caso pessoal, arbitrário, fantasista, maluco; estamos na norma e criamos objetos-padrões.

O paradoxo está portanto na terminologia.

Afirmam, porém, que a decoração é necessária à nossa existência. Retifiquemos: a arte nos é necessária; ou seja, uma paixão desinteressada que nos eleva. Decoração: miscelânea de cores, divertimento agradável ao selvagem. (E não duvido que seja excelente conservar intacta em si uma pequena porção de selvagem – uma pequena porção.) Ora, no século XX, desenvolvemos muito nosso julgamento e elevamos o nível de nosso espírito. Nossas necessidades espirituais são diferentes e zonas superiores às da decoração oferecem-nos sensações conformes. Parece justo afirmar: *quanto mais se cultiva um povo, mais desaparece a decoração.* (Deve ter sido Loos que o escreveu tão claramente.)

Para ter uma visão clara, basta pois levar em conta as sensações desinteressadas e a das necessidades utilitárias. As necessidades utilitárias requerem as ferramentas, aperfeiçoadas em *tudo*, como certa perfeição manifestou-se na indústria. É então o programa magnífico da *arte decorativa* (que termo impróprio, decididamente!)[1].

Aparelho de iluminação First National Company Detroit.

O desencadeamento das sensações elevadas é reservado à proporção que é uma matemática sensível, fornecida mais particularmente pela arquitetura[2], a pintura e a escultura, obras sem utilidade imediata, desinteressadas, excepcionais, obras que são formações plásticas nas quais se insere uma paixão, a paixão de um homem – o drama multiforme que nos prende, nos sacode, mexe conosco, nos emociona[3]. Ainda e sempre, há hierarquia. Existe a hora do trabalho, na qual nos desgastamos, e também a hora da meditação, na qual retomamos altura e reen-

1. Deve-se assinalar que não se conseguiu, no decorrer de trinta anos, encontrar um termo exato. Não será por essa atividade ser desprovida de exatidão, de sentido, e por não se poder assim classificá-la? Os alemães inventaram "Kunstgewerb" (Arte industrial); é ainda mais equívoco! Esquecia o termo bem pejorativo de *arte aplicada*.

2. A arquitetura começa no ponto em que termina o cálculo.

3. E, claro, o mobiliário pode nos levar de volta à arquitetura e veremos, substituindo a decoração, surgir a arquitetura.

contramos o diapasão. Não convém misturar tudo; já não estamos numa época de diletantismo, mas numa hora dura e épica, grave e violenta, apressada e produtiva, fecunda e econômica. Tudo se classifica; o trabalho e a meditação.

As classes também se classificam: aqueles que lutam pelo pedaço de pão têm o ideal de uma simples habitação decente (e adorarão ver o pior mobiliário, Henrique II e Luís XV, que lhes dará a sensação

"A Tartaruga" Paris.

de riqueza – ideal primário); e aqueles que possuem o suficiente para poder e dever pensar (e aspirarão à sabedoria de Diógenes).

* * *

Outrora, o objeto decorado era raro e caro. Hoje, é inumerável e barato. Outrora, o objeto simples era inumerável e barato; hoje, é raro e caro. Outrora, o objeto decorado era um elemento meramente decorativo: o prato de família do camponês que se colocava na parede e o

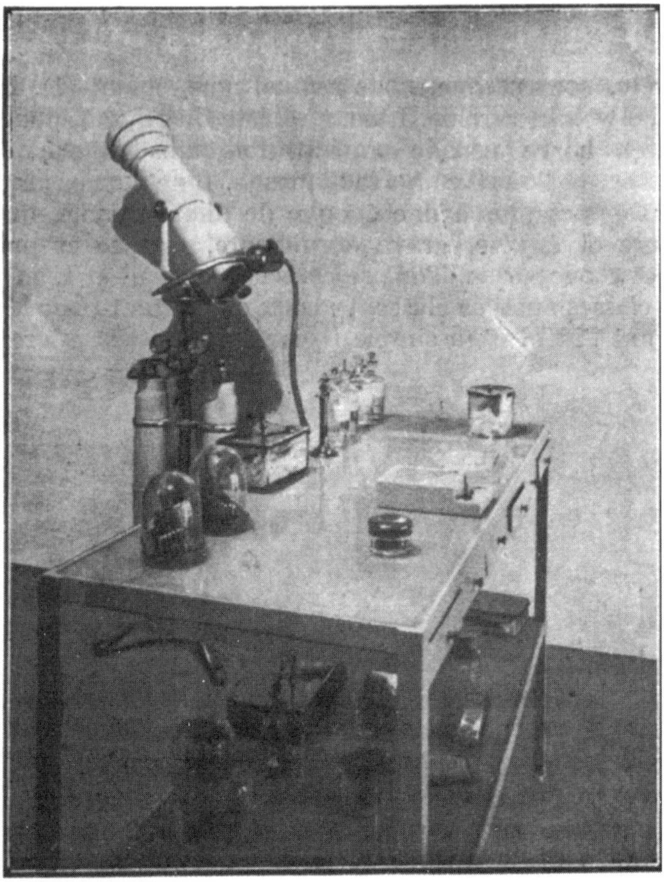

Consultório de dentista do Dr. B.

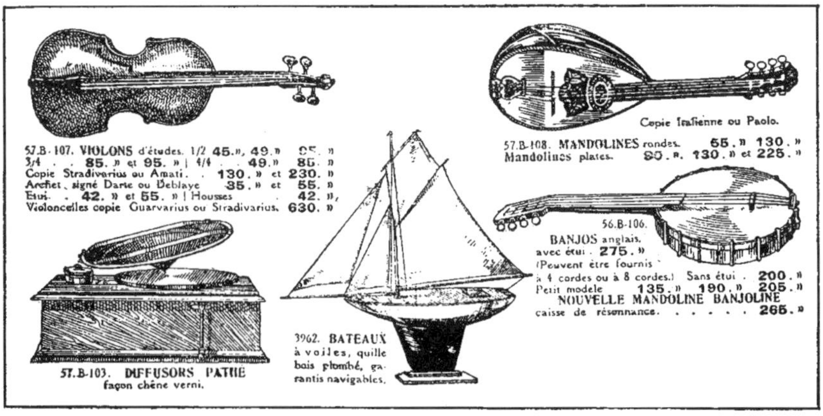

Artigos correntes.

colete bordado dos dias de festa; os utensílios para impressionar dos príncipes. Hoje, o objeto decorado inunda as seções dos grandes magazines; é vendido barato às costureirinhas. Se é vendido barato, é porque é mal fabricado e a decoração esconde as falhas de sua fabricação e a má qualidade dos materiais empregados: a decoração camufla. As

City National Bank de Tuscaloosa. EUA.

manufaturas lucram em pagar um decorador para camuflar os defeitos dos produtos fabricados, dissimular a pobreza dos materiais e distrair os olhos dessas falhas, oferecendo-lhes os acepipes condimentados das ourivesarias rutilantes e das sinfonias gritantes. A pacotilha sempre é decorada e em superabundância; o objeto de luxo é bem-feito, nítido e limpo, puro e sadio, e sua nudez revela sua boa fabricação. A indústria nos vale essa importante inversão das coisas: um aquecedor de ferro fundido transbordante de ornamentação custa menos do que um liso; nos ornatos de folhagens serrados e movimentados, não se vêem as *falhas* da fundição. E assim por diante. Pegue uma chita e inunde-a de cor; a máquina de estampar a cobre instantaneamente com as decorações mais na moda (por exemplo, a cópia de mantilhas espanholas, de bordados búlgaros, de sedas de Teerã, etc.) e pode-se sem grandes custos dobrar o preço de venda. Estou de pleno acordo que às vezes é encantador, e alegre, e totalmente adequado às costureirinhas, e desejo que isso dure: é primaveril! Mas essa riqueza de superfície, se estendida

Hermès, Paris.

sem discernimento a absolutamente tudo, torna-se repugnante e escandalosa; cheira a falsificação, e a bela e alegre saúde da costureirinha em seu vestido de cretone florido se torna baixa podridão em meio aos calefatores Renascença, às mesas de fumar turcas, às sombrinhas japonesas, aos pinicos ou bidês estilo Lunéville ou Rouen, aos perfumes tipo Bichara, aos abajures tipo lupanar, às almofadas em forma de abóbora, aos divãs onde se exibem os lamês de ouro e de prata, os veludos pretos com borlas de grão-turco, tapetinhos com cestos de flores e pombas se beijando, linóleos estampados de fitas Luís XVI. A linda pastorinha costureirinha de cretone florido, fresca como a primavera, parece, nessa barafunda, alguma aparição repulsiva dessas vitrinas de trajes históricos dos museus etnográficos.

Não só esse afluxo de falsa riqueza é indecente, mas sobretudo, e acima de tudo, esse espírito de decorar tudo à volta de si é um espírito

Hermès, Paris.

falso, uma abominável pequena perversão. Inverto o quadro: a pastora costureirinha está num agradável quarto claro e límpido, paredes brancas, boa cadeira de palha ou de Thonet; mesa do Bazar de l'Hôtel-de-Ville (tradição Luís XIII, belíssima mesa) pintada de esmalte. Uma boa luminária bem polida, aparelho de porcelana branca; e sobre a mesa percebe-se que três tulipas num vaso são uma presença principesca. É sadio, claro, decente. E para essa formosura, basta tão pouco.

City National Bank de Tuscaloosa, EUA.

Por certo, a arte decorativa moderna dos decoradores se propõe outro objeto, e é justo constatar que o quadro acima só pinta a vulgarização de intenções muito mais dignas. É então que, buscando a linha diretriz dessas intenções, chegaremos ao impasse da arte decorativa; chegaremos à arte decorativa sem decoração. E constataremos que esta arte sem decoração não é feita por artistas, mas pela indústria anônima que segue sua rota aérea e límpida da economia.

Artigos fabricados em série.

City National Bank de Tuscaloosa, EUA.

A linha diretriz dos decoradores com intenções nobres é satisfazer às alegrias de viver de uma clientela culta. Por causa das modas, das campanhas livrescas, dos esforços constantes de toda uma geração de decoradores, esta viu seus gostos fortemente despertados pelas coisas da arte. Existe hoje um vivo interesse estético e o gosto por uma arte contemporânea que atende a exigências infinitamente mais refinadas e a um espírito novo. Logo, uma evolução característica dirigida a ten-

Saderne, Paris.

Vidros e louças do comércio.

dências de espírito novo; a experiência da decoração artística, feita desde 1900 até a guerra, mostrou o impasse da decoração e a fragilidade de uma concepção que pretende fazer de nossas ferramentas objetos sentimentais, objetos que expressam estados de alma individuais. Insurgiram-se as pessoas contra essa presença importuna e furtam-se a ela. Dia a dia, em contrapartida, assinalaram-se entre a produção industrial os objetos perfeitamente convenientes, perfeitamente úteis,

Peugeot. – 1º prêmio no concurso de elegância de Hyères.

de cuja elegância de concepção, pureza de execução e eficácia de serviços, emana um verdadeiro luxo, que deleita nosso espírito, São tão bem ajustados que os sentimos harmoniosos, e essa harmonia é suficiente para nos satisfazer plenamente.

Chegamos então a nos perguntar, tendo-nos esclarecido e estando livres da bagagem romântica e ruskiniana que fizera nossa educação, se esses objetos novos não são daqueles que podem nos convir e se essa perfeição racional e determinação precisa, particulares a cada um deles, não criam suficientes vínculos de solidariedade entre eles para que seja permitido reconhecer-lhes um *estilo*!

Vimos que, desembaraçando-se de toda recordação e de todas as amarras tradicionais, o homem proporcionou à sua criação um rigor racional tranqüilizador. A escolha de seu material só fora ditada, em primeiro lugar, por razões de solidez, de leveza, de economia, de durabilidade; assim, muitas vezes, um objeto executado em madeira há séculos era adaptado ao metal, ao ferro, tais como os móveis de escritórios dos quais se exigia uma precisão de mecanismo totalmente nova. Tal como a poltrona Voltaire que se tornava uma máquina de sentar inteiramente diferente, quando foi executada em couro.

Móveis de aço Ormo.

Como conseqüência dessa apropriação a um novo material, a estrutura foi transformada, por vezes radicalmente; formas novas por muito tempo nos chocaram e, regra fatal, provocaram um violento retorno *nacionalista* (ler regionalista), apelo ao artesanato oposto à máquina considerada como a hidra moderna. Estéril reação: não se nada contra a corrente, e a máquina que trabalha pura e exatamente dissipa desde hoje esse refluxo anacrônico. Deixemos apagarem-se suavemente uma ou duas gerações educadas na religião da pátina e da "habilidade manual". As jovens gerações nascem na nova luz e vão naturalmente e com entusiasmo às verdades simples. Lembro que uma lâmpada elétrica, quando for um dia com toda a simplicidade *pesada* na oficina de desenho de uma empresa fabricante de lustres

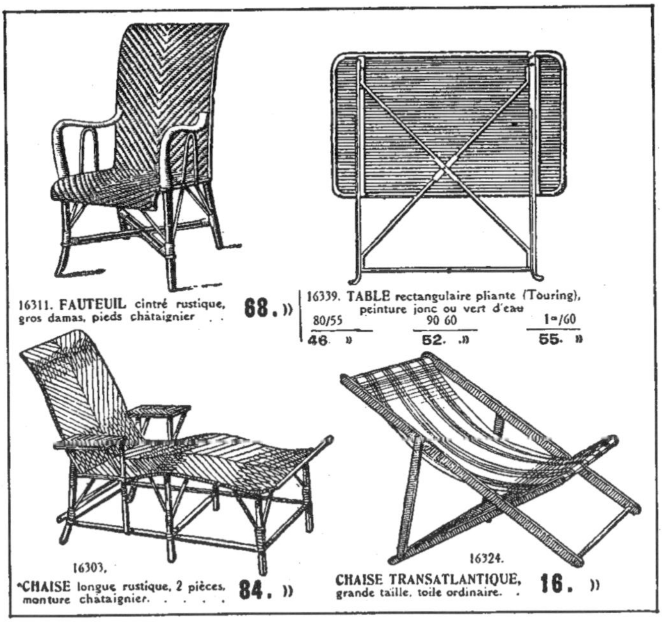

Artigos correntes.

Vidros do comércio.

artísticos, pesará muito com seus meros 50 gramas na balança que julgará do destino dessas indústrias votadas ao desaparecimento; a firma técnica substituirá a firma artística: está escrito.

Assim, à medida que materiais novos e formas novas eram imperativamente introduzidas nas indústrias de arte decorativa pelo deus todo-poderoso do preço de custo e da eficácia, espíritos alertas e

Mala "Innovation".

curiosos notavam de passagem as leis de constância que ditavam a formação desses objetos novos. Essas leis de constância afetavam todas as coisas com um índice comum e a segurança que traziam ao espírito constituía as bases de um sentimento novo da harmonia.

Detendo-nos para refletir sobre o caso, somos levados a admitir que não há necessidade de uma espera maior por objetos úteis.

Sem revolução de barricadas, sem tiros, mas por uma simples evolução acelerada pelo ritmo rápido da época, vemos a arte decorativa em declínio e notamos que a quase histérica corrida destes últimos anos para a decoração quase orgíaca é apenas o derradeiro espasmo de uma morte já previsível.

Diante dessas evidências sucessivas e consecutivas o bom senso repelia a tendência ao luxo, inapto para nos convir. A última linha de recuo que se registrou é essa devoção aos *belos materiais*, que conduz a um verdadeiro bizantinismo. O último entrincheiramento do fausto está nos mármores polidos com veios inquietantes, nos folheados de madeiras raras que nos assombram tanto quanto colibris, nas *pâtes de*

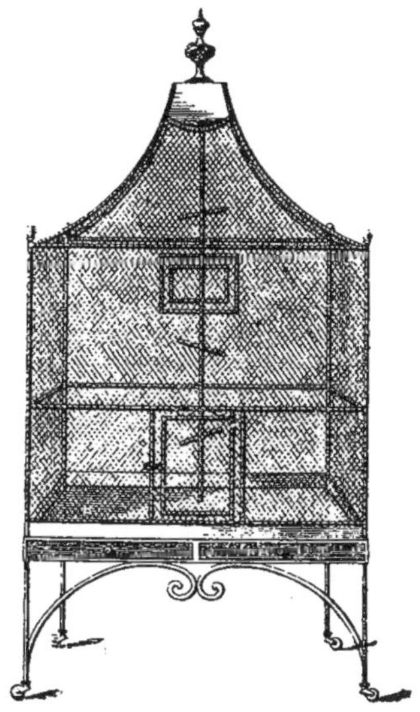

Nº 123
Volière rectangulaire
de 60×50. 80×50 100×50, 110×55

*verre**, nas lacas que copiaram dos mandarins *seus excessos* e os tornam seu ponto de partida de aspirações artificiais. A Chefatura de Polícia de Paris se pôs simultaneamente à caça dos vendedores de coca. Tudo isso está relacionado: nervos desnorteados do pós-guerra e um sangue inflamado gostam de se gelar no contato desses materiais desuma-

* Um tipo de vidro submetido a uma série de operações a frio antes do cozimento. Pode-se obter, com essa massa, efeitos semi-opacos, comparáveis aos da porcelana, ou translúcidos, como os do vidro. Técnica empregada pelos antigos egípcios em suas jóias, foi reinventada, em 1884, pelo escultor francês Henri Cros, que a utilizou em esculturas policromadas. A *pâte de verre* foi mais tarde adaptada para a decoração arquitetônica, como frisos modelados e coloridos na massa.

nos que nos mantêm à distância; eles nos ofereceriam, por outro lado, uma parcela sutil do milagre natural; mas uma ganga de ametista serra-

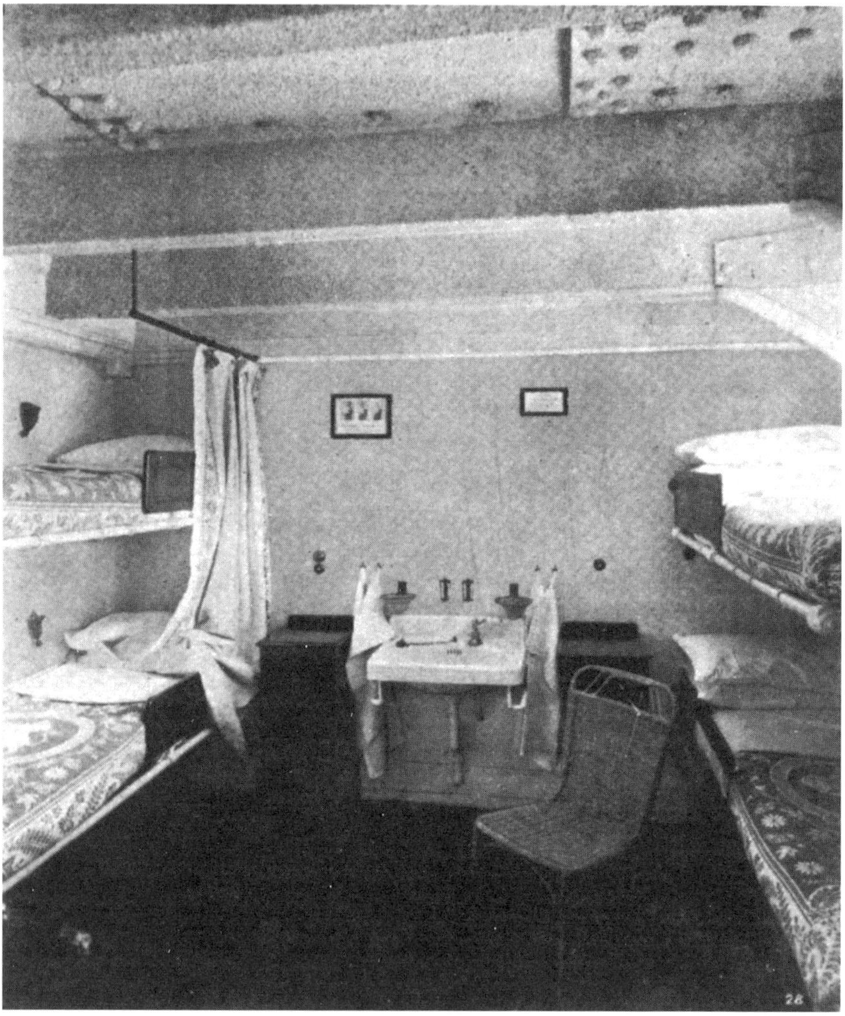

Cabine de um navio.

da e polida ou um cristal de rocha colocado sobre minha mesa de trabalho é um testemunho também eloqüente, e muito mais confortável, das geometrias faiscantes que nos enlevam e que com alegria encontramos no fenômeno natural. Quando nos acontece penetrar num desses santuários enevoados onde se alumiam tantos reflexos sorrateiros entre os mármores pretos ou brancos, entre os ouros e as lacas vermelhas ou azuis, somos tomados de um mal-estar, de uma angústia: gostaríamos de sair de um covil, fugir para o ar livre, ou sentarmo-nos sossegados e confiantes em determinada cela do convento de Fiesole ou, mais simplesmente ainda, começar a trabalhar em determinado escritório de fábrica moderno, retilíneo e claro, pintado de esmalte branco, onde reinam a atividade sadia e um otimismo laborioso.

A religião dos belos materiais ainda não é mais que o espasmo derradeiro de uma agonia.

* * *

Nesses anos passados, assistimos às sucessivas etapas do acontecimento: com a construção metálica, a *dissociação entre a decoração e a estrutura*. Depois, a moda de *acusar a construção*, indício de uma formação nova. Depois, o deslumbramento ante a *natureza*, revelando o desejo

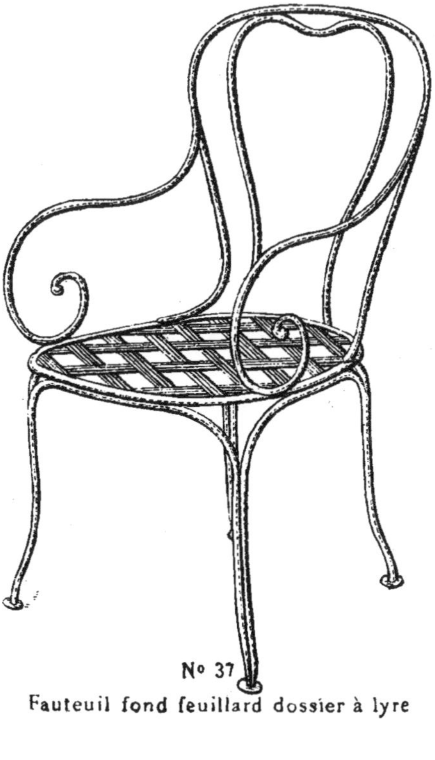

Nº 37
Fauteuil fond feuillard dossier à lyre

de reencontrar (por que esquisito desvio de aplicação!) as leis de um *organismo*. Depois, a mania do *simples*, primeira tomada de contato com as verdades da mecânica, que nos leva de volta ao bom senso, e instintiva manifestação de uma estética de época.

Pode-se fechar o círculo: um clique no espírito, uma classificação, e virá a expressão liberada de um sentimento normal das coisas de nossa existência, que discrimina as coisas intensivamente práticas do trabalho daquelas intensamente livres, vivas e ideais do espírito.

1925

EXPO. ARTES DECO.

8

A máquina, fenômeno moderno, opera no mundo uma reformulação do espírito.

Contudo, intacto, o fator humano permanece, pois a máquina foi concebida pelo homem para necessidades humanas.

A máquina é construída a partir do sistema mental que o homem elaborou para si e não a partir de uma fantasia, sistema que lhe constitui um universo tangível; esse sistema, arrancado, artigo por artigo, do mundo que nos rodeia, é bastante coerente para determinar a criação de órgãos que cumprem funções semelhantes aos fenômenos naturais.

A máquina é toda de geometria. A geometria é nossa grande criação e nos enleva.

A máquina faz brilhar à nossa frente discos, esferas, cilindros de aço polido, de aço talhado com uma precisão de teoria e uma acuidade que jamais nos mostrou a natureza. *Os sentidos ficam emocionados ao mesmo tempo que nossa mente reencontra no estoque de nossas recordações os discos, as esferas dos deuses do Egito e do Congo. Geometria e deuses pontificam juntos!*

O homem pára diante da máquina, o animal e o divino nela se saciam.

A lição da máquina está na relação pura de causa e efeito. Pureza, economia, tensão rumo à sabedoria. Um desejo novo: uma estética de pureza, de exatidão, de relações perturbadoras, que vão acionar as engrenagens matemáticas de nossa mente: espetáculo e cosmogonia.

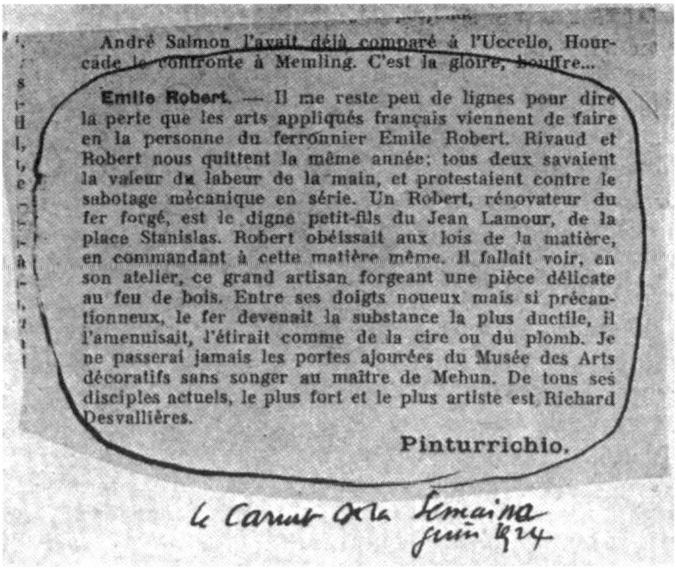

André Salmon l'avait déjà comparé à l'Uccello, Hourcade le confronte à Memling. C'est la gloire, bouffre...

Emile Robert. — Il me reste peu de lignes pour dire la perte que les arts appliqués français viennent de faire en la personne du ferronnier Emile Robert. Rivaud et Robert nous quittent la même année; tous deux savaient la valeur du labeur de la main, et protestaient contre le sabotage mécanique en série. Un Robert, rénovateur du fer forgé, est le digne petit-fils du Jean Lamour, de la place Stanislas. Robert obéissait aux lois de la matière, en commandant à cette matière même. Il fallait voir, en son atelier, ce grand artisan forgeant une pièce délicate au feu de bois. Entre ses doigts noueux mais si précautionneux, le fer devenait la substance la plus ductile, il l'amenuisait, l'étirait comme de la cire ou du plomb. Je ne passerai jamais les portes ajourées du Musée des Arts décoratifs sans songer au maître de Mehun. De tous ses disciples actuels, le plus fort et le plus artiste est Richard Desvallières.

Pinturrichio.

Le Carnet de la Semaine
juin 1924

A LIÇÃO DA MÁQUINA

Paul explicou-lhe a admiração que tinha pela máquina. Seus ímpetos eram vívidos, suas idéias justas, embora um tanto confusas. Nascera naquele momento em que a própria máquina – a verdadeira máquina, aquela que deveria modificar profundamente nossa existência – também nascia. Naquele tempo, que não está longe, dizia-se "feio como uma máquina". Suas idéias sobre a arte haviam-se desenvolvido num meio de jovens entusiastas, seus amigos, que Rodin levava ao êxtase. Era a moda de então, digamos com mais generosidade, era uma fuga plausível do impasse ao qual se encaminhavam as artes; fuga de náufragos que, ao afundarem, viam passar um navio fantasma. O despertar é duro: o salvamento era ilusório. Tornado homem, ele havia visto depressa e sem ter necessidade de se aprofundar muito – o nada de Rodin; de Rodin, ou seja, desse ciclo de idéias que o haviam formado, a bem dizer, dessa formação de espírito perigosamente oscilante sobre um mundo também oscilante e cuja cabeça voltada para o lado errado escruta horizontes estéreis, horizontes que jamais surgirão, pois que, precisamente, estão desmoronando, já tendo sido percorridos.

Depois, passada essa adolescência, as lutas cruas daquele que está entrando na vida. Tudo está por conhecer de uma só vez, tudo se lança em sua cara de uma só vez para machucar você... O milagre: viagens, anos de burburinho e, de súbito, uma visão diferente, nítida, contundente e contrária das coisas: "Ah! isso", dizia-se Paul, "mas é completamente diferente; eles mentiram para mim, os mestres; portanto não viam nada; estão incrustados dentro de uma ganga opaca; vejo à minha volta, e há um mundo que está organizado, se organizou, se organiza, se enuncia, se forma, adquire polimento; um mundo que tem um sentido, um sentido tal que ele dita sua lei, lei que todos seguem, todos obrigados a participar de seus acontecimentos.

Paul, poeta boêmio, descobre a máquina! O homem se reergueu como um gigante; forjou uma ferramenta. Já não trabalha com as mãos. Sua mente comanda. Delegou à máquina o trabalho de suas mãos pesadas e inábeis. Sua mente liberada trabalha livremente. Em papel quadriculado, desenha as curvas ousadas de sonhos. A máquina torna realidade os sonhos. O homem descobriu um modo de fazer *com que se trabalhe para ele*, e calma, impecável, impavidamente. Tomando este comando que é a geometria mais recuada, tanto a dos egípcios como a dos gregos, suscitou um povo de escravos engenhosos e fabulosamente hábeis, as máquinas! Ordena a criação de produtos polidos e estritamente puros – a seus olhos pelo menos –; os produtos afluem, reluzentes, nítidos, contundentes, redondos como esferas ideais, esbeltos como um chicote, rápidos como o raio. A obra é tão maravilhosa que, quando os produtos vivem, funcionam, trabalham, seu movimento ultrapassa nosso entendimento e nossa capacidade de registro; nossos olhos piscam, nossos ouvidos zumbem. Despertam novos órgãos em nós, outro diapasão, outra visão. "O homem", concluía Paul, "age como Deus, na perfeição."

Seu entusiasmo foi imenso e ele conheceu a beleza da máquina.

A sensação de alegria que recebia era a de reconhecer seres organizados. Organizados como seres vivos, espécie de bichos fortes ou delicados, espantosamente hábeis e que *nunca* se enganam, pois seus atos são absolutos. Ele concebia que as igrejas fossem abandonadas e que os espíritos ágeis se transportassem para lá, para aquela terra de gênese onde seres eram refeitos.

Lá reencontrava, diabolicamente perfeitas e imutavelmente exatas, as funções que observara na natureza e que lhe haviam dado o júbilo ou o calafrio: a serpente que ondula, o gafanhoto que salta, o pássaro planador, majestoso, o peixe suspenso no fluido e evoluindo com a mais pura harmonia, o caranguejo que agarra, a mandíbula que tritura, a mão que aperta e o pé do dinossauro que, num pesadelo, esmaga. Suas emoções não eram mesquinhas, mas em constante correlação com sensações poéticas sentidas quando os acontecimentos o haviam levado a pensar e a incluir em sua lembrança uma comoção cuja marca não mais se apagaria; emoções que são as nossas percepções pessoais da vida e que constroem nosso ser afetivo.

Essas eram as máquinas básicas, as máquinas com funções simples, expressão direta da cinemática da qual compreendia tudo na simplicidade inteligente.

Noutras ocasiões permanecera calado ante a desnorteante complexidade dos órgãos, ante a delicada minúcia ou a potência titânica de seus gestos. Uma turbina, da qual só via o envoltório, mas cujo assustador troar escutava, assombrava-o por saber que, como resultado daquele barulho, estava se passando algo dentro daqueles fios, daqueles cabos que levavam até a extremidade do país luz e energia, e a morte para quem neles tocava. Aquele farol da Sauter-Harlé, que se erguia como o mais puro dos deuses negros, enviava a distâncias fabulosas um raio de intensa luz no auge das noites de temporal sobre o oceano. Esse microscópio, espécie de ourivesaria para um rei de amanhã, revelava coisas inconcebíveis que deixavam você perturbado. Ele se encontrava no sonho, ante o milagre, o bom Deus. Misturava tudo: na última feira de Paris, sob os auspícios da Torre Eiffel – a qual, disseram-lhe, é calculada com base em curvas da maior resistência, que vemos seguir direções misteriosas mas exatamente matemáticas dentro de um fêmur serrado longitudinalmente –, ele havia inspecionado, sem deles compreen-

Page entière réservée au

cliché d'un phare des

ANCIENS ÉTABLISSEMENTS SAUTER-HARLÉ

16, Avenue de Suffren,

PARIS

EXEMPLE D'UNE HISTOIRE DE CLICHÉS :

Mai 1924. Foire de Paris, Stand de l'Électricité : demande d'une photo du grand phare exposé par Sauter-Harlé.

Début Juillet : 1er téléphone pour réclamer le document (pourparlers avec plusieurs chefs de service, exposés de nos buts, moyens, etc..., etc...).

Quelques jours après : second téléphone (mêmes discours).

Quelques jours plus tard : visite d'un des directeurs de L'Esprit Nouveau *aux Établissements Sauter-Harlé ; attente de 1 h. 1/2 dans les antichambres. Premier ingénieur, chef de service : exposé du but de la visite. Deuxième ingénieur : second exposé. Troisième ingénieur (enfin compétent !) : troisième exposé. Accueil plein de réserve : " Écrivez à la direction, à M. W... en exposant votre projet, vos buts, vos moyens et en spécifiant bien que ce sera entièrement gratuit ".*

Le même jour : lettre d'exposé complet avec rappel des... stations du calvaire !

30 Juillet : troisième coup de téléphone ; réponse : " on ne sait pas. "

31 Juillet : quatrième coup de téléphone ; réponse : " on ne sait pas. "

1er Août : cinquième téléphone au patron M. W... Exposé général. M. W... demande qu'on écrive en envoyant un numéro de la revue, car M. R... autre patron, a déclaré qu'il ne donnerait pas la photo pour L'Esprit Nouveau.

Même jour, une demi-heure après, taxi. Visite de l'un des directeurs de L'Esprit Nouveau *à M. W... Pas d'attente d'antichambre. M. W... fait un interrogatoire serré ; exposé éloquent des buts, des moyens, etc. Conclusion de M. W..., sévère : " notre phare n'est pas décoratif, etc... " Coupant court : " Je vous téléphonerai lundi le sort réservé à votre* requête *".* *M. W... s'en va, sans saluer.*

Depuis 15 jours les Établissements Sauter-Harlé savent que nous tirons notre N° 25 et qu'aujourd'hui est le dernier jour ! Mentalité fréquente de l'ingénieur drapé dans la haute fierté du chiffre. Incompréhension totale de ce qui n'est pas l'étroit champ de ses investigations. Telle est l'histoire d'un cliché, exemple entre tant d'autres, désespérant. On ne se comprend pas.

der muita coisa, os vestíbulos da mecânica e da eletricidade; tudo lá o abalara, mesmo o espantoso gosto das cores que esses mecânicos empregam para ornar suas mercadorias.

Houvera o embasbacamento com a precisão, precisão de um coeficiente *n* atingido nesse dia. Contudo, ele bem o sentia, nossos filhos rirão desse embasbacamento dentro de vinte anos! O coeficiente *n* deles seria n^1, totalmente diferente!

Houvera a vertigem da velocidade, provocada por órgãos que giravam tão depressa que nada mais se via, senão um chamalote cambiante, velocidade que dá medo. E houvera a vertigem da lentidão, de ritmos tão retardados mas tão precisos, tão fora da prática de nossos gestos, que também aí sentia medo.

O ruído é tão redondo quando algo gira a 4.000 rotações que ele pensava mesmo numa mudança progressiva de sua função acústica. Paganini é um pobre "fracassado", dizia consigo mesmo; a execução de *Il trillo del diavolo* por dedos humanos daí em diante chocou-lhe o ouvido. O homem que se esforçava para tocá-lo tinha o ar de um desvairado; Paul imaginava, olhando-o com curiosidade, o outro homem, que abaixa com uma pressão do dedo uma alavanca para fazer funcionar uma turbina; que ruído então? Prova de que a virtuosidade está fora da arte, fora da perenidade; a acrobacia pertence ao circo, onde o problema continua em pé nessa especialidade.

Havia um grande orgulho diante de tal revelação de poder. Nela media também uma beleza objetiva, uma harmonia, e ainda uma beleza subjetiva; *era algo que lhe suscitava o entusiasmo.*

Mas Paul sentia opor-se ao acontecimento novo o estoque de suas certezas adquiridas pela transfusão que seus mestres haviam operado. Decidido a tudo negar, avaliava-se por outro lado sem preparo para julgar, qualificar e trabalhar por si só.

. . . .

Salão de Outono.

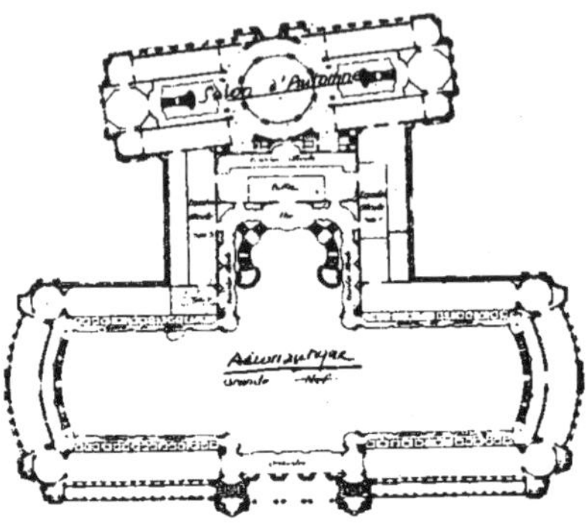

Salão da Aeronáutica.

Ele, o amigo, nada tinha para contradizer aos entusiasmos de Paul; compartilhava-os. Mas era demasiado artista para não ter, há muito tempo, buscado uma explicação para a emoção que também havia sentido e, sobretudo, para não ter, de há muito, procurado vencer o profundo desencorajamento que o invadira quando, por exemplo, passando sem transição em 1921 do *Salão de Outono* ao da *Aeronáutica*, no mesmo *Grand Palais*, sentira-se esmagado pelo esplendor da máquina e voltara ao seu ateliê tomado de dúvida e de negação. Reagira descobrindo a relação fecunda que podia unir a obra de arte que perseguia à máquina que admirava. Tentou dar a Paul a lição recebida da máquina: a máquina é um acontecimento tão capital na história humana, que é permitido designar-lhe um papel de condicionamento do espírito, papel tão decisivo e quão mais extenso do que o imposto nas eras passadas pelas hegemonias guerreiras ao substituírem uma raça por outra raça. A máquina não opõe uma raça a outra raça, mas um mundo novo a um mundo antigo na unanimidade de todas as raças.

A máquina, fenômeno moderno, opera no mundo uma reforma do espírito. Uma prova tangível de que estamos muito longe do termo da evolução começada é a de que ainda não está em uso uma língua universal, que derrubaria essa alta barreira de papelão erguida no lugar das

Brown-Boveri.

fronteiras de agora em diante subjugadas, barreiras de noite num local que se ilumina.

Intacto, o fator humano permanece, pois a máquina foi concebida pelo homem para necessidades humanas; aí está o elemento sólido e eficaz: a máquina é construída a partir do sistema mental que elaboramos para nós e não a partir de uma fantasia, sistema que nos constitui um universo tangível; esse sistema, arrancado, artigo por artigo, do mundo que nos rodeia e do qual participamos, é bastante coerente para determinar a criação de órgãos que cumprem funções semelhantes aos fenômenos naturais. Verificação tranqüilizadora.

O milagre da máquina consiste, pois, em ter criado órgãos harmoniosos, pelos menos de uma harmonia que se aproxima da perfeição, à medida que a experiência e a invenção vão-lhe trazendo a purificação.

Todos os trabalhos humanos encontram sua verificação, cedo ou tarde, ou seja, quando o efeito desses trabalhos pôde produzir-se nos espíritos, nos corações, nas consciências; a prova intervém tardiamente nos sistemas que atingem nossa emoção; os anos passam, morrem homens incensados falsamente ou menosprezados injustamente; tardias são as reabilitações, tardias as decadências merecidas. Na confusão atual das artes, seria bom abreviar esse fenômeno dilatado e diluído por inumeráveis excrescências nele semeadas pelos séculos. Com a máquina, a prova se faz em seguida: *funciona, não funciona!* A relação de causa e efeito é direta.

Por alto, pode-se dizer que toda máquina que funciona é uma verdade instantânea. É um ser viável, um *organismo claro*. Creio que é para essa clareza e para essa vitalidade que se inclinam nossas simpatias; sentimento de paternidade: é criado um ser que vive.

Mas outros fatores vêm aumentar esse sentimento obscuro, profundo e verdadeiro. A máquina é cálculo; o cálculo é sistema criativo humano que guarnece nossos átrios, explicando com recortes exatos a nossos olhos o universo que pressentimos, a natureza que vemos com demonstrações tangíveis de vida ordenada. A expressão gráfica desse cálculo é a geometria; a execução desse cálculo é estabelecida com base na geometria, meio que *é nosso*, que nos é caro, que é nosso único meio de medir acontecimentos e coisas. A máquina é toda de geometria. A geometria é nossa grande criação e nos enleva.

Age então o mecanismo direto da vista, do tato, dos sentidos. Realmente a máquina é um campo de experimentação maravilhosa da fisiologia das sensações, muito mais rica e *em ordem* do que a estatuária.

Em ordem. Leitura fácil dos olhos; percepção límpida do fato plástico que está diante dos olhos. *Em ordem!* Reflitamos um segundo que *não existe nada na natureza* que, objetivamente a nossos olhos que olham, se aproxime da pura perfeição da mais humilde das máquinas (a Lua não é redonda; o tronco da árvore não é reto; às vezes somente a onda é lisa como um espelho; o arco-íris é um fragmento, os seres vivos, com poucas exceções, não se inserem nos traçados unitários da geometria, etc.). Se dizemos com certeza: a natureza é geométrica, não é que o tenhamos visto; nós o reconhecemos, para dizer a verdade decidimos isso em conformidade com nosso sistema. E trata-se, aliás, de uma conclusão de ordem subjetiva.

Se na praia apanhamos a pedrinha polida, escolhemos a mais redonda entre milhões de outras; se seguramos na mão com dignidade, com um gesto que a estatuária fixaria, tal fruta próxima da esfera, etc., é porque aspiramos ao fato geométrico. A máquina, então, se nos aparece como a deusa beleza. E esse é apenas um entusiasmo sincero, *mas deslocado* (já que então pensamos "obra de arte").

Mas, ao invés da pedrinha de calcário, ou da imperfeita laranja, a máquina faz brilhar diante de nós discos, esferas, cilindros de aço polido, polido no mais alto grau *que vimos até esse dia*: talhado com uma precisão de teoria e uma acuidade que *jamais nos mostrou a natureza.* A mão se dirige para a frente e a epiderme *olha* à sua maneira com um gesto envolvente. Os sentidos ficam comovidos ao mesmo tempo que nossa mente encontra, no estoque de nossas recordações, os discos, as esferas dos deuses do Egito ou do Congo. Deuses! Geometria e deuses encontram-se juntos (velha história humana, a bem dizer simples e primeira história humana).

A máquina cria a máquina. Elas afluem agora e em toda parte reluzem. O polimento vai ao ponto onde ficam as seções. As seções mostram a geometria que condiciona tudo. Se polimos as seções, é por tendermos às funções perfeitas. O espírito de perfeição brilha nos lugares de perfeição geométrica.

E aí está, no essencial, por que o homem pára diante da máquina para admirá-la. O animal e o divino se satisfazem com ela.

As máquinas, porém, se adornam com pinturas, cinza, vermelho, vermelhão, verde, azul. O cinza nos ferros fundidos complicados, a cor viva nas seções de pura geometria.

Pense agora nas obras da plástica (dessa plástica aviltada de um final de época pré-maquinista): seu lirismo logo se exalta à sua frente, com a máquina, não guardando sequer uma prudente reserva.

Ponha em funcionamento a máquina. Todas as portas se abrem, tudo é confusão na alegria. *Convém mesmo lembrar que somos a primeira geração em milênios que vê as máquinas*, e devem-se perdoar tais admirações exacerbadas.

A lição da máquina está na pura relação de causa e efeito. Pureza, economia, tensão para a sabedoria.

O despertar brutal em nós, porque fulminante, *das alegrias intensas da geometria*. Desta vez sentimo-las através dos sentidos (e Copérnico ou Arquimedes só conseguiam inventá-las, dentro de suas cabeças).

A regra da exatidão. Causa-efeito. Salão da Aeronáutica, oposto ao Salão de Outono! Reportemos nossos pensamentos à arte plástica que se encaminhou a nós até essa hora fustigante da máquina. Desassossego! Neurastenia! Essa arte, cuja espuma das beiradas espalha em nossos cimácios sua franja recortada, não é a arte desse fenômeno novo que nos enche de admiração. Revolta. Será que surgiria uma reviravolta estética? Tornar-se-ia normal que, para emocionar-se, o homem concebesse um ciclo de obras *desinteressadas*, longe de qualquer máquina, mas animado por um sentimento matemático, por relações puras, gerando formas puras. E que uma página fosse virada nesse dia, e que nossos olhos, inteiramente confusos, estivessem nesse preciso momento olhando para onde a folha se apresenta pela borda e onde nada se vê. Amanhã a página estará virada, e a mão pesada de uma verdade nova esmagará o passado sob essa folha virada.

Aventura talvez muito grande que corremos atualmente sem desconfiarmos e quase sem nos preocuparmos. É que nós ainda estamos com os pés pousados *no ontem*.

Cometem-se então erros: exageros, efusões, desarmonias. A arte não tem por que se parecer com uma máquina (erro do *Construtivismo*). Mas nossos olhos se enlevam com formas puras. Os recursos da arte (cujo termo é a emoção constante, humana, eterna) estão libertos, iluminados de claridade.

Um desejo novo: uma estética de pureza, de exatidão, de relações comoventes, que vai pôr em funcionamento as engrenagens matemáticas de nossa mente: espetáculo e cosmogonia.

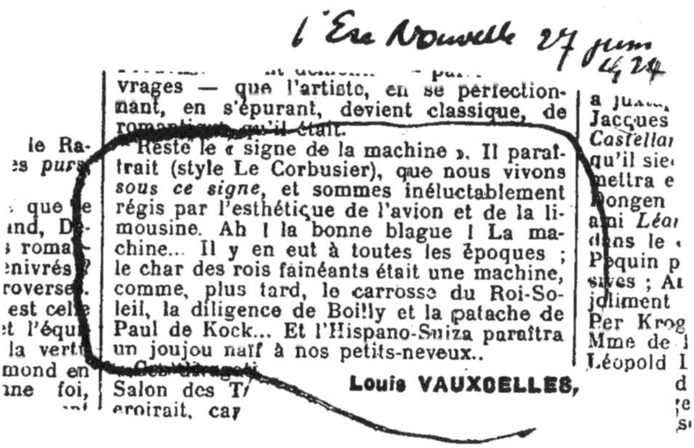
l'Ère Nouvelle 27 juin 1924

vrages — que l'artiste, en se perfectionnant, en s'épurant, devient classique, de romantique qu'il était.

Reste le « signe de la machine ». Il paraîtrait (style Le Corbusier), que nous vivons *sous ce signe*, et sommes inéluctablement régis par l'esthétique de l'avion et de la limousine. Ah ! la bonne blague ! La machine... Il y en eut à toutes les époques ; le char des rois fainéants était une machine, comme, plus tard, le carrosse du Roi-Soleil, la diligence de Boilly et la patache de Paul de Kock... Et l'Hispano-Suiza paraîtra un joujou naïf à nos petits-neveux..

Louis VAUXCELLES,

1925

EXPO.
ARTES DECO.

9

Tanto como não pode haver arte decorativa, não podem subsistir "estilos".

Os estilos são, para o estilo de uma época, apenas a modalidade acidental, superficial, acrescentada para facilitar a composição da obra, juntada para disfarçar as falhas, multiplicada para criar a ostentação.

Se a arte decorativa não tem razões de existir, existem em contrapartida as ferramentas, há a arquitetura, há a obra de arte.

A ferramenta, aquilo que serve: servente, servidor. Uma condição: servir bem.

A arquitetura é um sistema da mente que fixa de um modo material o sentimento resultante de uma época.

A obra de arte, esse "sósia" vivo de um ser existente ou desaparecido, ou desconhecido; essa hora de conversa profunda; essas palavras eloqüentes e francas ditas no absoluto da conversa a dois; talvez esse Sermão da Montanha.

A arte decorativa se desenvolve fora desses caminhos; querer qualificar o lugar que ocupa é revelar sem ambigüidade suas finalidades – outros objetivos: os de decorar, de deixar decoroso.

A obra de arte vai-se concentrando.

Sentimo-nos predispostos ao respeito às obras de arte.

Soa a hora da arquitetura, hoje que a arte espera desse sentimento de época a fixação de sua forma material, hoje que a arte decorativa já não pode ser considerada senão um fator inconciliável com o sistema do espírito contemporâneo.

Nimba, deus negro – Museu do Trocadéro.

O RESPEITO ÀS OBRAS DE ARTE

Tanto como não pode haver arte decorativa, não podem subsistir "estilos".

Os estilos são, para o estilo de uma época, apenas a modalidade acidental, superficial, acrescentada para facilitar a composição da obra, juntada para disfarçar as falhas, multiplicada para criar a ostentação. A ostentação não é muito cabível longe dos reis; o cidadão foge da ostentação, e o homem que pensa, pensa melhor num ambiente mais arejado.

Mas se a arte decorativa não tem razões de existir, existem em compensação as ferramentas, há a arquitetura, há a obra de arte.

As ferramentas, o que serve: – servente, servidor; mecânica da vida doméstica. Uma condição: servir bem.

A arquitetura é um sistema da mente que fixa num modo material o sentimento resultante de uma época.

A obra de arte, esse "sósia vivo" de um ser existente ou desaparecido, ou desconhecido; esse espelho sincero de uma paixão individual; essa hora de conversa profunda; essa confissão de um semelhante, essas palavras eloqüentes e francas ditas no absoluto da conversa a dois; talvez esse *Sermão da montanha.*

Arte sempre. A arte é inseparável do ser, verdadeira potência indissolúvel de elevação apta para propiciar uma felicidade pura. Intimamente ligada aos movimentos de nosso coração, ela marca as etapas da difícil caminhada, através das brenhas da idade e das idades, rumo a um estado de consciência. Ela demarca o espaço que separa o momento em que a natureza, imensa e dominadora, esmaga, daquele em que, na serenidade adquirida, concebe-se essa natureza e trabalha-se em harmonia com sua lei; passagem da idade de sujeição à idade de criação; – história da civilização, bem como história do indivíduo. Espelho eloqüente das artes em que se refletem os indícios de poder das épocas assim como os coeficientes expressivos de uma alma em comoção.

Nasceram os folclores; a natureza dominadora aterroriza e perturba ou, ingenuamente, revela a beleza de seus milhares de florzinhas.

De tempos em tempos, uma hora de revelação, de graça, eleva o nível comum: Giotto, Michelangelo...

Períodos de alta consciência, de posse de si mesmo, de estoicismo, marcam os apogeus: erige-se um Partenon.

Como então pensar em atribuir um lugar lícito entre esses dois diques que marcam os extremos da caminhada da alma – a inquietude do inexplicável e a serenidade do conhecimento – à *arte decorativa*, essa coisa que se atém a tocar de leve – tagarelices, carícias, etc.? Não se pode atribuir, nessa caminhada leal, tocante e apaixonada, um lugar à arte decorativa, um lugar entre os folclores e a obra de arte. A arte

ATENA PÁRTENOS DE FÍDIAS
(*Pequena escala.*)
Museu Nacional de Atenas.

Papua.

decorativa se desenvolve fora desses caminhos; querer qualificar o lugar que ela ocupa é revelar sem ambigüidade seus fins – outros objetivos: os de decorar, de deixar decoroso. É, portanto, chegar a um juízo sobre a qualidade dos espíritos, é designar a espécie que decora ou deixa decoroso.

O pastor que talha seu cajado, nele gravando a rosácea das flores e das estrelas, a serpente, o cordeiro; o papua que esculpe em sua pagaia o albatroz em meio ao movimento das vagas praticam, com relação à natureza, um ato de devoção. O exercício da arte deles acumula as experiências há gerações e suas obras cândidas passaram do plano da observação superficial para o de uma verdadeira recriação. Integração. Pensamento e trabalho humanos!

Pintura de vaso grego.

O grego ou o etrusco que desenvolveu no flanco de um vaso as linhas vitais do acanto constituiu um compêndio de botânica, mas também formulou a arquitetura da criação, o alento organizado que, da raiz ao fruto que cai, anima os seres. Uma decoração dessas é um testemunho daquilo que o homem concebe do fato vital.

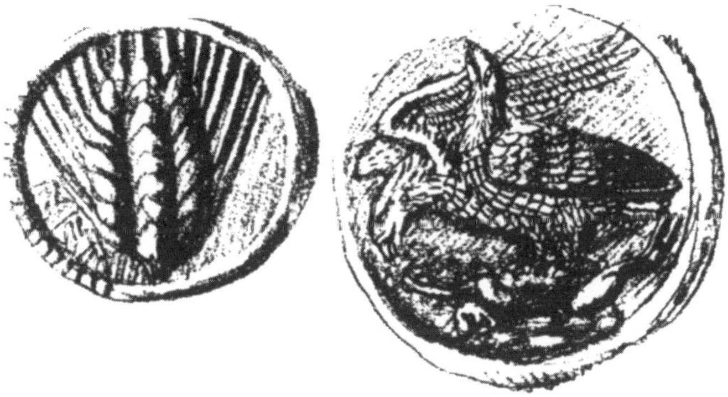

Grego.

Prosseguindo no mesmo plano de elevação até o padrão, o gravador grego fez de uma espiga uma efígie, das águias um poema repleto de altiva nobreza. O folclore, pelo qual o particular torna a se fundir no geral, é aqui ultrapassado, já sendo uma paixão individual que se exprime, comoção e emoção de que jorra a percepção de uma relação.

Depois surge o lirismo sob a forma mais absoluta, extrato quintaessenciado do fenômeno natural, força das puras significações; invenção total de uma relação estabelecida entre sentimentos humanos: a lua crescente, a estrela, a espada.

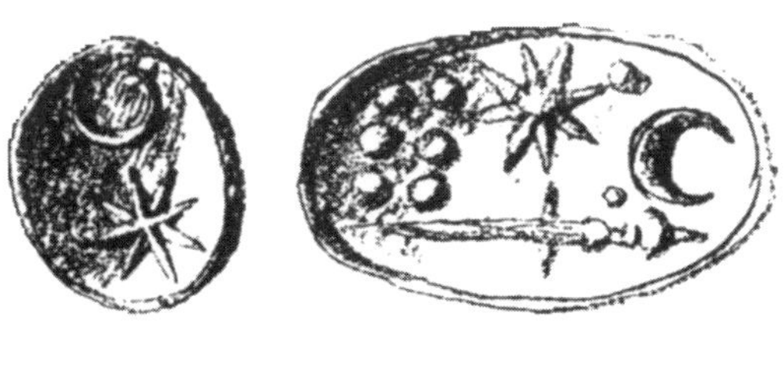

A necessidade de arte, que se manifesta no nascimento das atuações humanas, fez a alma percorrer o caminho que vai da cândida observação do espetáculo natural à síntese lírica do símbolo – de um símbolo todavia explícito. Um passo mais adiante e está-se no hermetismo, e a arte nos escapa; um passo a menos e ainda não se está na arte, não se tendo realizado o fenômeno de intervenção humana.

Os povos, os homens dão o máximo de si – o que podem: observação árida dos fatos naturais que lhes são sensíveis, criação proporcional aos recursos de suas técnicas e de seu espírito. Conforme as latitudes, conforme a juventude ou o cansaço, conforme essas artes sejam do campo ou da cidade, a altura de sua expressão oscila entre a imitação direta e a mais recriada figuração.

* * *

Aparecem claramente três estágios.O *arcaísmo*, em que a falta de recursos mantém a obra aquém do sonho; mas um determinismo plástico, uma mecânica plástica vinculada às profundezas de nossas funções sustenta magnificamente a idéia que tem apenas a forma do germe, mas possui seu potencial concentrado. O *naturismo*, que é o momento de conhecimento, de tomada de consciência, de análise, de riqueza exuberante, de racionalismo apaixonado, hora inebriante, mas que é menos grandiosa do que a subconsciência que precedeu e que é menos digna, menos elevada do que o desinteresse que vai seguir-se. O *hieratismo*, que é a hora de pleno conhecimento, de propriedade de todos os recursos, que é precisamente a hora da escolha, a hora de abandono do supérfluo, a hora de concentração, a hora de abnegação, momento elevado por excelência, plataforma da grande arte, da obra de arte, imensa e simples, despojada porém repleta de riquezas interiores, exata e precisa, na dose certa.

O *medieval*, que conquista com agilidade seu lugar no mundo, se evade, mediante a observação e o esforço do livre-arbítrio, do folclores anônimo; em toda parte, esquadrinha as milhares de coisas ao redor, tudo é pretexto para essa espécie de febre generosa que o inquieta: nas estelas da catedral de Amiens, vêem-se esculpidos na madeira rebanhos de bois cuja massa informe ultrapassa limites que uma sabedoria mais assentada lhes teria assinalado.

Gótico. Amiens.

O *românico*, prolongamento de uma civilização maravilhosa que chegou aos confins do símbolo, continua, embora de um modo pesado, a sua matemática, mas em toda parte suas forças vivas e sadias conseguem sintetizar as forças da natureza: o botão que está se abrindo.

Românico. Igreja de Poissy.

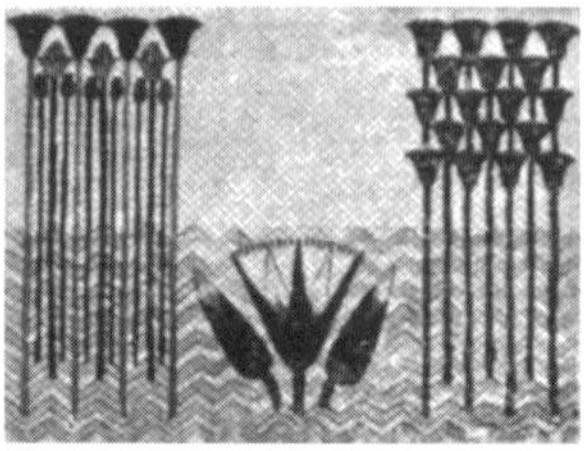

Egípcio.

O *egípcio* também havia padronizado as forças da natureza; mas, na alta casta dos sacerdotes, relações sutis uniam a águia, a serpente, o boi alado, implicando esoterismos que ainda produzem em nós uma inevitável perturbação poética.

....

Portanto, estabelece-se uma filiação entre as obras ingênuas nascidas do botão e as que alcançam as relações ultra-sensíveis.

Esta é a contribuição humana, verdadeira aquisição, profunda, austera, *séria*.

Onde viria classificar-se a futilidade da decoração, o decoroso?

Embora a decoração, o decoroso sejam feitos todos os dias, tenham sido feitos sempre, escapam todavia à filiação da arte; são para certa casta de gente que pratica o decoroso. Essa casta não teve cons-

Egípcio.

ciência da bela e difícil caminhada da alma através da inquietude que habita em nós.

* * *

Vê-se assim a gama da emoção humana estender-se do botão à espada e à estrela, de um símbolo primário a uma relação sutil: etapa de cultura, caminhada.

Século vinte: ciência, livros, divulgação.

Je sais tout [Eu sei tudo], *Science et vie* [Ciência e Vida], *Sciences et voyages* [Ciências e viagens] demonstram ante nossos olhos o fenômeno cósmico: fotos espantosas, reveladoras e comoventes, ou esquemas, gráficos, números emocionantes.

Lá está, difundida fartamente, no livro, na escola, no jornal, no cinema, a lingüística de nossas emoções que foi aplicada *nas artes* durante milênios antes do século vinte.

Estamos na aurora do maquinismo. Um sentimento novo inclina nossos espíritos a outras satisfações estéticas diferentes da história do botão esculpido nos capitéis das igrejas. Somos instruídos sobre isso nos livros de ciência e temos noções científicas muito mais múltiplas e precisas sobre tais fenômenos. Abarcamos o fato cósmico nos tratados, mediante as imagens documentais e os gráficos. Concebemos a esse respeito a mesma emoção do pastor, mas nossas investigações mais escrutadoras são, para nós, a introdução ao fato matemático do mundo.

O cinema, os livros, *Je sais tout*, *Science et vie*, substituíram com sua documentação toda uma poética de outrora. O mistério da natureza, atacamo-lo cientificamente e, longe de esgotar-se, ele ficará cada vez mais profundo enquanto avançarmos. É isso que se torna nosso folclore.

O símbolo esotérico, nós o temos, para os iniciados de hoje, nas curvas que representam as forças, nas fórmulas que resolvem os fenômenos naturais.

A nossas pesquisas, a nossas perguntas, respondem as mil respostas da ciência.

De outro lado, porém, a ciência nos fornece as ferramentas mais extraordinariamente precisas com que jamais se sonhou desde os séculos da criação do mundo. Podemos ter tudo, cercar nossas necessidades de todos os servidores imagináveis: nosso conforto está assegurado.

Na verdade, nada está garantido para nossa serenidade, se o espírito não estiver nutrido, se o coração não estiver satisfeito.

Desembaraçados da emoção cósmica que os livros saciam, atingimos as zonas puras da obra de arte, a obra que não é mais que relações eficazes entre elementos abaladores, provocadores de sensações. Relações elegantes, relações brutais, relações fortes, acontecimentos importantes de qualidade intelectual que são, para alguns, tão indispensáveis como o pão.

Essa libertação dos folclores vai deixar à nossa volta um vazio que criará aquele silêncio favorável ao trabalho interior. Nele a obra de arte encontrará sua atmosfera. Não perturbando essa atmosfera, atestaremos o respeito devido à obra de arte.

* * *

E quem realizará essa atmosfera, a não ser a arquitetura, cuja finalidade é criar relações?

* * *

A obra de arte vai-se concentrando.

Sentimo-nos dispostos ao respeito às obras de arte.

Escultura Khmer.
Sculptures khmères, por H. Marchal e O. Miestchaninoff. Librairie de France.

Soa a hora da arquitetura, hoje que a arte espera desse sentimento de época a fixação de sua forma material, hoje que a arte decorativa já não pode ser considerada senão um fator inconciliável com o sistema do espírito contemporâneo.

1925

EXPO.
ARTES DECO.

10

A grande arte vive de recursos parcos.
As rutilâncias vão água abaixo.
Chegou o momento da proporção.
Firma-se o espírito de arquitetura.
Que aconteceu? Nasceu uma época maquinista.

Nossas efusões, nossa compreensão vivaz da natureza, de suas belezas, de suas forças, tudo se integrou num sistema de organização arquitetônica. Pois a ciência, ao revelar-nos o fenômeno cósmico, proporcionou-nos uma grande força criadora e a arquitetura é a condição da criação humana.

O *Dixmude.*

A HORA DA ARQUITETURA

Um sentimento de justiça reclama que, na hora do declínio das artes decorativas, sejam reconhecidos os serviços prestados por várias gerações ativas, ardentes e desinteressadas.

Se a marcha acelerada do tempo precipita a evolução de um sentimento novo e puro, é eqüitativo pôr no quadro de honra aqueles que foram seus operários indispensáveis.

A arte decorativa tirou de seus cueiros o espírito novo nascido da máquina e rechaçou as massas inertes, cegas, perdidas na inconsciência do momento, as que terminavam sem brilho a época pré-maquinista.

O espírito que desperta, que surge, que se surpreende, que luta contra o abafamento, que conquista um lugar e que, chegado o dia, se afirma na clareza de um ideal claramente formulado porque claramente concebido, esse espírito foi recrutado sob a bandeira da arte decorativa. É isso que é bom demonstrar, reconhecer; é justo também que a borboleta, ao se despojar de sua crisálida, diga ao mesmo tempo que até logo: *obrigada.*

Nossa infância foi exortada por Ruskin. Apóstolo denso, complexo, contraditório, paradoxal. O tempo era insuportável; aquilo não podia durar; era de uma burguesice opressiva, tola, mergulhada no materialismo, enguirlandada com a decoração idiota e inteiramente mecânica, decoração fabricada pela máquina que, sem que se pudesse proibir-lhe, produzia, para os júbilos de Homais, o cartão-pedra e os ornatos de folhagens de ferro fundido. É de espiritualidade que fala Ruskin. Em suas *The Seven Lamps of Architecture* [As sete lâmpadas da arquitetura], brilhavam a Lâmpada de Sacrifício, a Lâmpada de Verdade, a Lâmpada de Humildade.

A essa massa toda inchada das primeiras saturações de um maquinismo nascente, ele fazia a demonstração da honestidade: Ide a San Giovanni e Paolo em Veneza, pegai uma longuíssima escada, apoiai-a contra o túmulo mais magnífico, o de Vendramino; subi bem ao alto de vossa escada, olhai o rosto que se apresenta de perfil, o de Vendramino deitado em seu catafalco; e olhai atrás do perfil, inclinando-vos, a outra face da cabeça. *Essa outra face não é esculpida.* Que horror! Que mentira! Falsidade, traição. Tudo é falso nesse suntuoso e imenso túmulo. Esse túmulo é uma obra do diabo. Ide depressa aos arquivos de Veneza; descobrireis que o escultor que foi tão regiamente pago para erguer esse túmulo magnífico era um falsário, que foi banido de Veneza por ter cometido falsificações em escrituras!

Eis como Ruskin sacudiu com profundas exortações nosso entendimento de jovens.

Grasset foi o geômetra e o algebrista das flores. Cumpria admirar com ele, até no âmago de sua estrutura, todas as flores, amá-las tanto que era de rigor espalhá-las em todas as obras que gostaríamos de empreender. Nossa infância foi esclarecida pelos milagres da natureza e nossas horas estudiosas se debruçavam sobre milhares de flores e de insetos; as árvores, as nuvens e os pássaros eram o objeto de nossas perguntas; tentávamos compreender a curva de sua existência e tínhamos chegado a admitir que apenas a natureza era bela e que não podíamos ser mais que os humildes imitadores de suas formas e de suas maravilhosas matérias.

Ruskin questionava os capitéis floridos do Palácio Ducal e percorria, em seus pórticos e estelas, a "Bíblia de Amiens", enquanto Grasset estabelecia, com uma flor na mão, e o escalpelo de botânico por perto, o *Méthode de composition ornementale* [Método de composição ornamental].

Disseram-nos: "Vão ao sossego da biblioteca explorar o grande álbum de Owen Jones, *The Grammar of Ornament* [A Gramática do Ornamento]." Exame mais grave aquele. Um depois do outro, desfilavam os ornamentos puros que o homem criou inteiramente em sua cabeça. Ah! mas, é que encontrávamos lá muito mais o homem da natureza e, se a natureza era onipresente, o homem estava lá inteiro com suas faculdades de cristalização, com sua formação geométrica. Da natureza passávamos para o homem. Da imitação para a criação. Esse livro era belo e veraz, pois nele estava resumido tudo o que foi feito, profundamente *feito*: a decoração do selvagem, a decoração do renascentista, do gótico, do românico, do romano, do chinês, do indiano, do grego, do assírio, do egípcio, etc. Com aquele livro, sentíamos que se formulava o problema: O homem *cria uma obra que o emociona.*

O nada das coisas da arte dominava o espírito de nossos pais. Estava-se, justamente, acabando o monumento a Meissonnier. Era tudo. Ruskin, William Morris, Walter Crane, na Inglaterra, fundavam uma gráfica para fazer *belos livros* (e Deus sabe quanto esse cândido retorno aos missais medievais nos é desagradável). Depois, 1900, em Paris, mostra um conjunto fascinante dessas coisas em que a natureza, menosprezando para uma cura eficaz a geometria, vem retorcer com vida direta materiais e matérias que admitem tal. Mas havia nisso um magnífico esforço, uma coragem considerável, uma ousadia muito grande, uma revolução verdadeira. Em 1900, o incêndio se ateia nos espíritos. Põem-se então a falar de Arte Decorativa. E iniciam-se escaramuças: grande arte, artes menores. Dois campos.

Sonha-se com casas que teriam a aparência de um tronco vigoroso de clematite silvestre (Gallé). Escrutam o passado para nele procurar provas e o gótico é admirado em tudo quanto tem de florido, de observação direta das plantas e dos animais. A água, a terra, o céu – o Jardim Botânico, o Museu de História Natural, tudo deve ser explorado, amor indizível pelos seres do Bom Deus. Ruskin enterneceu os corações.

Secamente, por outro lado, debatem-se outros problemas, os de estrutura: a arquitetura deita raízes aí.

Vêm as paixões pelo exótico: China, Japão, Índia, Pérsia. É preciso energia hoje para afirmar nosso Ocidente.

A vida de Gallé é bela, dividida entre o estudo direto da natureza e os caprichos do fogo de seus fornos. Gallé deixa objetos que são belas obras, plásticas e sensíveis... tão sensíveis, de tal modo antípodas da produção atual das artes decorativas, as quais estão agora longe da natureza, e chegaram à arqueologia Luís Filipe ou Segundo Império. Gallé é um homem louvável e sua obra é louvável.

Objetos acariciados, materiais arrancados do fogo, – seja como for, emoção, efusão, o que se pode chamar de "sinceridade". Tal pureza de coração influencia a opinião pública, como já influenciara a prédica de Ruskin. A arte decorativa ocupa a opinião pública. Obras preciosas e inúteis vêm juntar-se nas vitrinas aos bibelôs japoneses.

Eram bibelôs. Aumentava um público que gostava de acariciar com as mãos os bibelôs belos e com o cheiro gostoso das flores e da natureza livre. Por outro lado, Otto Wagner, em Viena, de Baudot e Auguste Perret, em Paris, pretendiam fornecer à arquitetura novos recursos e aceitavam que todos os hábitos estéticos tradicionais fossem rechaçados. Tais sintomas davam esperança aos protagonistas do movimento. Era um zunzum; despertava-se a curiosidade. Nasceu uma enorme literatura: revistas difundiam o gosto pelas artes na casa.

Assim, as moças tomaram-se de paixão pela arte decorativa: pirogravura, metaloplastia, bordado. Os colégios internos femininos inseriam horas em seus horários: artes aplicadas, história da arte.

Nesse momento, avalia-se que a arte decorativa teria perecido entre as moças, se os *ensembliers** não tivessem desejado demonstrar, com a criação de sua denominação e de sua nova atividade, que aqui faculdades masculinas eram de rigor: noções de conjunto, organização, senso de unidade, dosagem, harmonia, proporção.

Isso continha muitos germes de arquitetura. O sucesso foi enorme. Os *ensembliers* tinham razão. Entre eles se dirimiam casos de arquite-

---

* Palavra criada em 1922 para designar o artista que cria conjuntos (ensembles) decorativos. Mais tarde, em cinema e televisão, passou a designar o auxiliar do decorador. (N. do T.)

tura; enquanto, com outro ponto de vista, Loos escrevia, por volta de 1912, o artigo sensacional: *Ornamento e crime* e Auguste Perret construía a garagem Ponthieu (1906).

Ouvia-se dizer: "Um ornamento esconde em geral uma falha de construção."

Prova de que se procurava construir bem.

Ora, quando um sistema construtivo novo sai dos cueiros, há grandes momentos angustiantes. Se se consegue *algo sustentável*, com freqüência fica-se ante impasses assustadores quando se trata de obter que esse novo sistema construtivo *faça a esfera*. Obter que se faça a esfera é organizar tudo com perfeição no sistema estrutura e no sistema plástico. Razão e emoção requerem duramente o "produto completo". Roma não foi feita em um dia. Pense na evolução do automóvel em vinte anos. O cimento armado deixava inquietações, lacunas. Decoraram. Ainda não sabiam bem qual sistema plástico deve surgir espontaneamente de um sistema construtivo. Essa busca de um *sistema* plástico do cimento armado nos conduz à hora atual. Estamos nesse ponto.

Ora, até então, tantos esforços e a partida em forma de cruzada dos Ruskin, dos Grasset, dos Gallé, haviam emocionado profundamente e, como devia soar a hora da arquitetura – conclusão de um século maquinista – formou-se um movimento considerável de opinião: o espírito está para a arquitetura.

Os decoradores *ensembliers* pressentem que não se deve mais decorar. Deixam de fazer móveis em forma de troncos de clematite silvestre. Os arquitetos deixam de escrutar a "Bíblia de Amiens". Acabou-se: uns e outros fariam de preferência estilo Luís Filipe e "Luís XVI moderno", em sua decisão de não mais decorar.

Entretanto, função consecutiva à da arquitetura recém-nascida, esbaldou-se com violência e júbilo o senso da policromia. Houve realmente uma preocupação com a cor, em si, para si. Sinfonia de cores, triunfo dos *ensembliers*. Cores e materiais. Mergulham na cor. Já que só trabalham com as cores, é melhor trabalhar bem com elas. Fazem acepipes, cozinha refinada. Cores, materiais.

Quantas sedas que reluzem, mármores que serpenteiam e brilham, bronzes e dourados que mostram riqueza! Quantos negros "na moda", vermelhões estimulantes, lamês prateados de Bizâncio e do Oriente! Bem...

Tudo isso dá náuseas! Fiquemos por aqui.

Creio que logo estarão fartos disso.

Vão fazer a cruzada *do leite de cal* e de *Diógenes*.

* * *

Mesmo assim é interessante compreender cinqüenta anos de evolução, saber de onde viemos, para onde vamos!

O leite de cal, Diógenes. Hora da arquitetura. Verdade, senso de verdade. E plasticidade. Pois, sob essa égide, os meios são precários e a intenção deve ser forte. A grande arte vive de recursos parcos.

As rutilâncias vão água abaixo.

Chegou o momento da proporção.

Erguem-se agora, em quase toda parte, na América, na Rússia, na Alemanha, na Checoslováquia, na Holanda, na França, casas onde se debate, extraído da decoração, o problema da proporção e da estrutura.

A decoração está morta e o espírito de arquitetura se firma.

Na verdade, o que se passou? Nasceu uma época maquinista e todos nós, exceto a geração ascendente de vinte anos, estamos com os pés atolados na agonia da época anterior. Passamos a idade de nossa virilidade sendo perspicazes, apreendendo o significado do que acontecia, limpando em nós... e como! Por volta de 1880, as fábricas eram negras de fuligem, as máquinas feias e sujas, e elas forneciam gratuitamente e em profusão os ornatos de folhagem de ferro fundido e os frisos de cartão-pedra. Os industriais com grossas suíças, que lançavam estradas de ferro em toda parte, estavam ocupados com atos mentais brutais, pois cumpria atropelar tudo: os camponeses davam tiros de fuzil contra os trens que avançavam nos campos. O *Mestre de Forjas*, etc. Zola! etc. Não há arte, ah! não, nenhuma, nem uma parcela de preocupação desse gênero. Os poetas ficam enojados, indignados. *La Cathédral* [A catedral] de Huysmans. Assim como: *A rebours* [Às avessas]. A máquina é hedionda; a época é abjeta, o mundo está desabando, etc. Protesto; olha-se para o passado, com inveja.

A voz doce de Ruskin: "Eis as flores, os insetos e os bichos do bom Deus." Alma de Giotto. Alegria dos primitivos: *Pré-rafaelismo*. Eis, na França racional, o apelo à natureza; análise. O entomologista Fabre nos comove. Percebe-se que o fenômeno natural é organizado, *abrem-se os olhos*. 1900. Efusão. Belo momento, realmente!

A Alemanha então, que constrói o dia inteiro, assenhoreia-se do momento, seus pintores fazem casas: Darmstadt e conseqüências. Mas

Fabre, o entomologista.

casas não vivem sem estruturas. Todo esse enorme barulho é feito para nada. Nada sai de tudo isso. Sai, ainda assim: uma chicotada. Os muniquenses vêm a Paris em 1912. Salão de outono. Os *ensembliers*. 1914: o evento conturbador. Então tudo aconteceu a tiros de metralhadora.

Nos espíritos também. Tudo foi dito e feito. O mundo antigo foi derrubado, pisado, pisoteado, enterrado. O cubismo profundamente sério dos promotores atesta que tudo foi questionado e já mostrava, em cerca de 1910, forças de revolta, de virilidade ascética que convêm aos conspiradores que se preparam para inverter a ordem das coisas. Está feito. As técnicas ousaram tudo durante o evento que se desenrolou. As técnicas da construção se apuraram, os sistemas aparecem claros.

Veio-nos um conceito novo. Já não há decoração possível. Nossas efusões, nossa compreensão vivaz da natureza, de suas belezas, de suas forças, tudo se integrou num sistema de organização arquitetônica.

A arquitetura está aí, ocupando-se de nossa casa, de nossa comodidade e de nosso coração. Conforto e proporção. Razão e estética. Máquina e plástica. Calma e beleza.

1925

EXPO.
ARTES DECO.

11

A torre Eiffel, cuja imagem ilustra a capa deste livro, entrou na arquitetura.

Em 1889, ela era a expressão agressiva do cálculo.

Em 1900, os estetas quiseram demoli-la.

Em 1925, ela domina a Exposição Internacional de Artes Decorativas Modernas. Acima dos palácios de gesso, nos quais se retorce a decoração, aparece ela pura como um cristal.

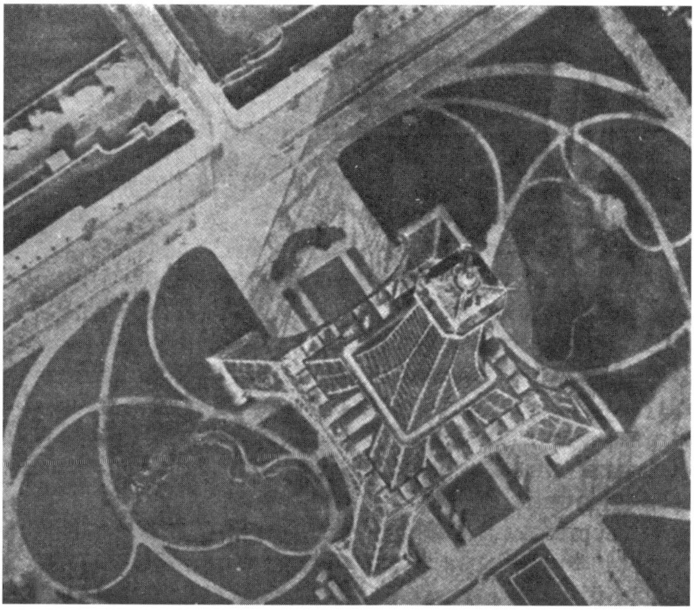

Foto Stavba.

TESTEMUNHOS

1914: o evento conturbador.

Então tudo aconteceu a tiros de metralhadora. Nos espíritos também. Tudo foi dito e feito. O mundo antigo foi destruído, pisado, pisoteado, enterrado. Está feito. As técnicas ousaram tudo durante o evento que se desenrolou.

As técnicas...

As artes decorativas eram antitécnicas. Caminhavam no sentido oposto ao que o esforço geral da época conduz. Pretendiam restabelecer o trabalho à mão. As obras materiais da arte decorativa não fazem parte do ciclo da época.

Mas a convulsão do espírito, penosa, lentamente, com todos os pesares, todos os olhares lançados para trás, conduz lentamente à abertura. O espírito sempre impetuoso ainda está em certa orgia de adivinhação exasperada (futurismo, expressionismo, construtivismo). Febre ainda, mas desta vez prometedora de uma cura e de uma marcha segura dirigida no sentido da época.

Já, também, o espírito descortina mais além da febre, as zonas puras da harmonia...

Amanhã verá... graças às técnicas que purificam.

Por que duvidar que o amanhã pode ser perfeitamente harmonioso, novo que será, criação integral, constituído inteiramente do presente que não traz as peias da idade anterior.

Atrás, hoje, estão os *testemunhos*. Cada qual disse sua palavra na frase em violenta espiral que, fincada no passado, põe-nos hoje em antagonismo com esse passado.

As imagens que se seguem são os testemunhos:

sitions banales et encombrées où, dans l'amas, personne ne les distingue plus. De ces éléments diffus, opposés presque, l'affiche moderne devait naître. On la verra, peu à peu chercher sa forme, s'orienter, vivre de hasards et de réussites, jusqu'au jour où s'étant imposée, elle intéressera l'amateur, Celui que, malgré ses dédains joués, l'artiste sollicite toujours. Puis, de servante très modeste, elle passera maîtresse dominatrice ; ayant sa cour, elle ne sera plus un moyen, mais une carrière propre; elle

mais une façon de paraphrase artiste dans laquelle se viendront condenser toutes les théories intransigeantes. Elle appliquera tour à tour à ses besoins bourgeois les théorèmes récents ou les décorations outrancières, les wagnérismes ou les ibsénismes présentement goûtés. Sous le moindre prétexte d'un éclairage merveilleux ou d'une réconfortante coca, elle exposera l'allégorie romantique de filles anémiques, contournées, pauvres de chair, plus pauvres encore d'ossature. Il serait vaniteux de vouloir, à ce propos, rompre beaucoup de lances; l'énorme fatras de ces histoires un peu maladives, n'empêche ni ça et là un chef-d'œuvre, ni au-dessous même du chef-

1898. Chéret e o musical.

1899. Guimard.

1902. Plumet e Selmershein.

1902. R. d'Aronco.

1902. Peter Behrens.

1903. E. Grasset.

1904. P. Follot.

1904. Hoffmann.

1904. Selmerschein.

1908. Lenoble.

1906. Delaherche.

1908. E. Robert.

1909. Sézille.

1910. Fritz Erler.

1910. Veil.

1910. Jaulmes.

1911. P. Follot.

1912. Lalique.

1910. Carriès.

1911. Bakst.

1913. A. e G. Perret.

1911. Gallé.

1913. Mallet-Stevens.

1913. Süe e Palyart.

1913. Jallot.

1919. Martine.

1919. Süe e Mare.

1920. Casa Voisin (aeroplanos) (Noël e Patout).

1920. Picasso. Cenário de balé "Tricorne".

1921. P. Follot.

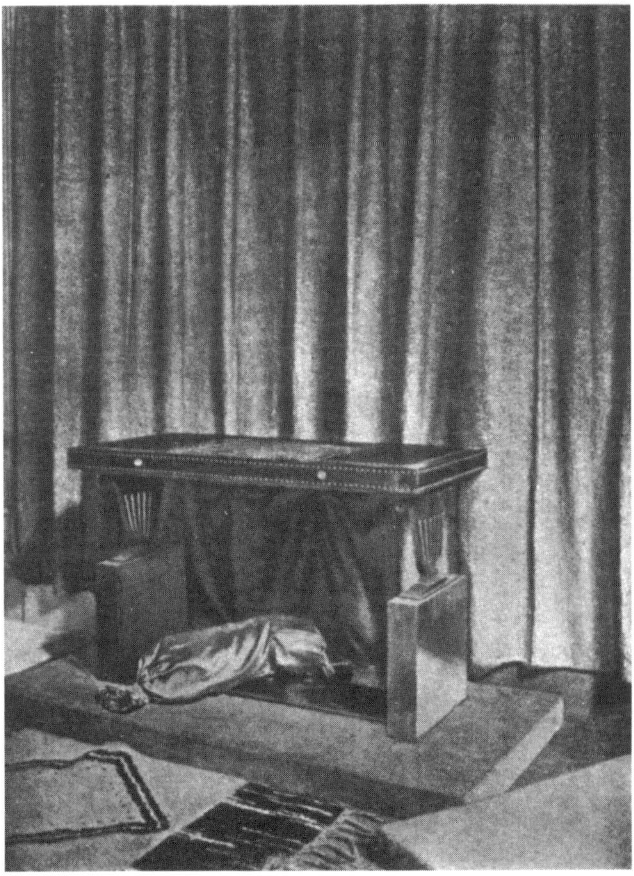

1920. Ruhlman.

1921. Navio "Paris".

1921. Brandt (Navio "Paris").

L'Illustré. Tamara Karsawina.

Foto Kerstone View London. Senhorita Mistinguette.

1922. Ch. Plumet.

1921. M. Dufrène.

1923. Francis Jordan.

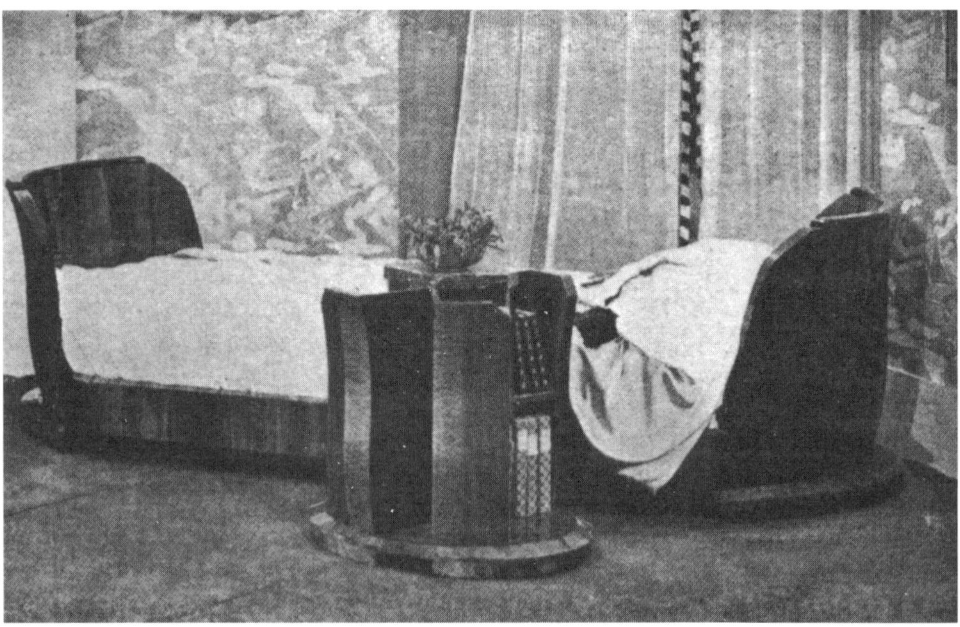

1923. P. Chareau.

Nota. – Essa série de clichês, que abarca um período de 25 anos, provém da coleção de *Art et Décoration*, a única revista de arte decorativa que percorreu sem interrupção este último quarto de século.

1925

EXPO.
ARTES DECO.

12

Antes mesmo do nascimento do raciocínio, surgiu o sentimento que leva ao ato: a razão em seguida facilita a ação da mente, com confirmações que parecem indiscutíveis.

Um ser ativo tem um espírito de verdade que é seu juízo. É um imperativo que é, ao mesmo tempo que a força, a lucidez. Esse espírito de verdade é a força de um homem.

No que tange à nossa obra, o trabalho humano, o mundo humano, não existe nada, nem tem o direito de existir, que não seja explicável. Lançamo-nos ao trabalho: tudo deve ser claro, pois não somos loucos. Trabalhamos com um objetivo... por mais tolo que ele possa ser.

Ora, percebo que uma imensa quantidade de objetos que outrora tinham o espírito de verdade estão vazios e não passam de carcaças: jogo-os fora.

Jogarei tudo do passado, salvo o que ainda tem serventia. Algumas coisas sempre têm serventia: a arte.

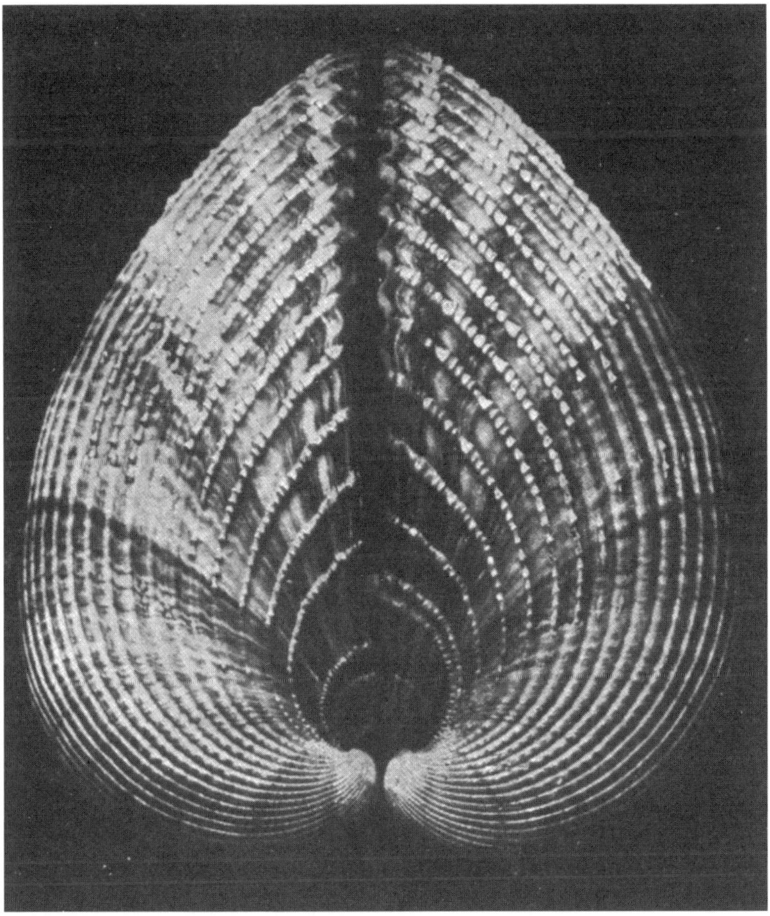

Foto "Wendingen".

ESPÍRITO DE VERDADE

O leite de cal, Diógenes... Hora da arquitetura. Verdade, senso de verdade...

Jogando fora seu prato, Diógenes dissera: "Essa criança me ensina que ainda conservo algo supérfluo."

Desenhar o supérfluo e jogá-lo fora.

O supérfluo é o que não tem serventia nenhuma.

Tudo quanto enternece serve. Tudo quanto obstrui é demais. O que não é supérfluo? O *essencial.*

Atenção, eis os srs. sofistas: "Tudo serve, tudo é comovedor."

Resposta: "O dia tem apenas vinte e quatro horas."

Eis o indiscutível, o imutável, a constante. Eis o que julga tudo. Você não pode comover-se com tudo: você não tem tempo para isso. Cumpre escolher.

Cumpre, pois, designar o essencial, designar o supérfluo. O dia de vinte e quatro horas basta para fixar o sentido da palavra *supérfluo* e da palavra *essencial.*

Porém, como os sofistas insistiam, Diógenes se pôs a andar de um lado para outro diante de Zenão, que negava o movimento e obstinava-se em demonstrar isso...

Santa Sofia de Constantinopla.

Do fundo de nós mesmos, antes mesmo do nascimento do raciocínio, surgiu o *sentimento* que *leva ao ato*: em seguida a razão facilita a ação do espírito, com diversas confirmações que parecem indiscutíveis. O sentimento discerne e a razão confirma. O sentimento faz agir. Não me acusem, portanto, de querer matar o sentimento.

Penso, pois, que nem tudo tem serventia, que nem tudo é comovedor.

Desenho infantil.

* * *

Depois de ter participado durante tantos anos de apaixonantes e melancólicas tentativas, de ter estado entre os inumeráveis modestos que animaram seu tempo com movimentos contraditórios, uma experiência adquirida vem proporcionar-nos uma fé racional, uma fé à São Tomé: São Tomé queria tocar com o dedo. Essa fé é uma aquisição: *é um espírito de verdade.* Algumas coisas *são*, porque se explicam, porque funcionam. Isto existe: é condicionado, pode ser lido, analisado, compreendido.

O sentimento domina. O sentimento nunca é aniquilado pela razão. A razão traz ao sentimento os meios aprimorados pelos quais este se expressará essencialmente. Aí estão três barcos que atendem às mesmas necessidades. Três raças lhes fixaram o tipo. O lirismo de cada raça se expressou com a mais inteira força.

Fotos Leyckam. ... seres vivos que criamos.

Racionalismo tolo. Sim, talvez, se se tratasse de aplicá-lo genericamente. Ora, atualmente, não estamos de modo algum na ágora dos filósofos: trata-se apenas de arte decorativa.

Aliás, de um modo delicioso, Cocteau nos abriu a válvula: sempre permanece, e independentemente de nossa vontade, ar em nossas curiosidades e distância no mistério:

"– E as catástrofes de estrada de ferro, Senhor? Como me explicareis as catástrofes ferroviárias?

DEUS (*aborrecido*). – Isso não se explica, isso se sente."[1]

Se eu me sinto exortado por esse espírito de verdade que é um certo imperativo, não é porque meu ser sensível tenha sido destruído. Ao contrário, é porque se tornou atuante. Não me classificarão definitivamente entre os seres sem coração e sem alma porque duvido da arte decorativa, porque meu bom senso não segue com ternura essas obras fúteis que, tendo exigido um trabalho sincero ou não, berram ou sussurram à minha volta, implantam-se em minha atmosfera, deixam meus gestos incertos, roubam-me minutos preciosos, ocupam um lugar muito

1. Cocteau.

Fotos *L'Illustré*.

Foto *L'Illustré*.

Foto Leyckam.

grande ou mesmo restrito nas vinte e quatro horas de meu dia já tão curto. Pretendo o direito de ser severo com esses objetos que não têm serventia, que são supérfluos, que não são essenciais.

Seção de um cabo.

* * *

Na natureza, no encadeamento dos acontecimentos, em toda parte – bem o sei – ergue-se o inexplicável:

"Tudo serve",

"Tudo é comovedor",

"Tudo é explicável". Está certo!

O inexplicável das causas. Mas em toda parte, na natureza como no acontecimento, encontra-se a explicação do encadeamento. Remontando até onde se detém nossa tomada de consciência, podemos encontrar as razões. Quanto mais alto remontamos, mais ficamos satisfeitos.

Avaliamos que tudo se ordena segundo princípios condizentes com o geral e que todo organismo é um certo ponto de etapa da linha das variantes ao redor do eixo que une dois pólos, variantes que, obedecendo a uma função, estabelecem uma série: um sistema coerente varia

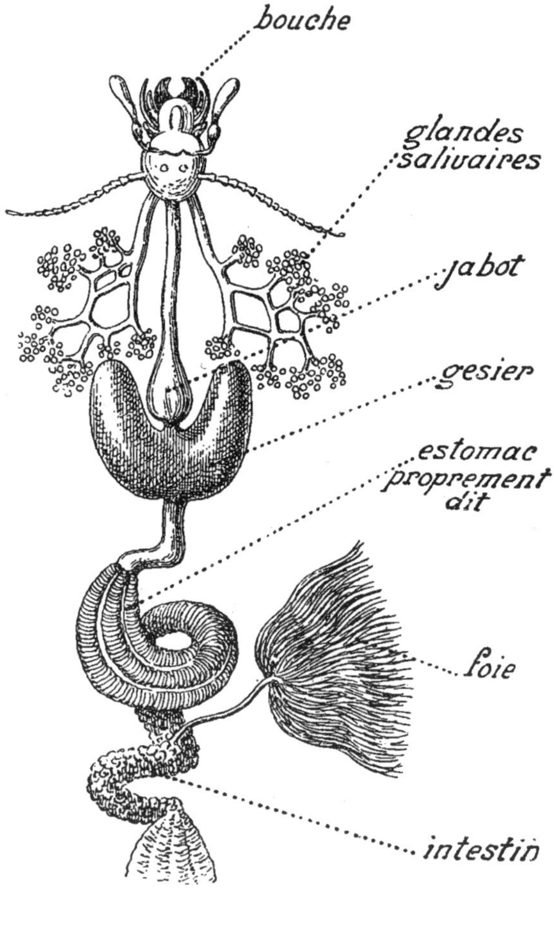

A natureza: um aparelho digestivo.

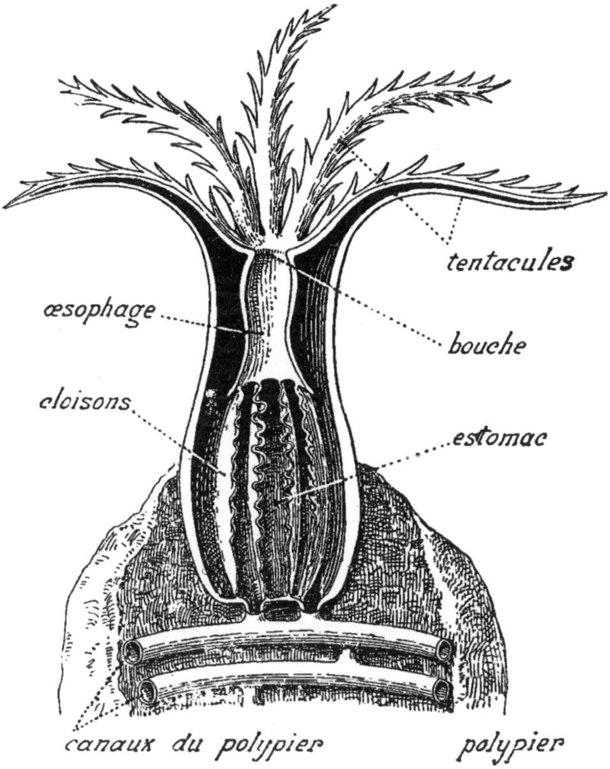

com as inumeráveis modalidades das combinações. O mundo então se resume a algumas espécies. As leis da física restringem tais sistemas a aventuras rigorosamente fatais.

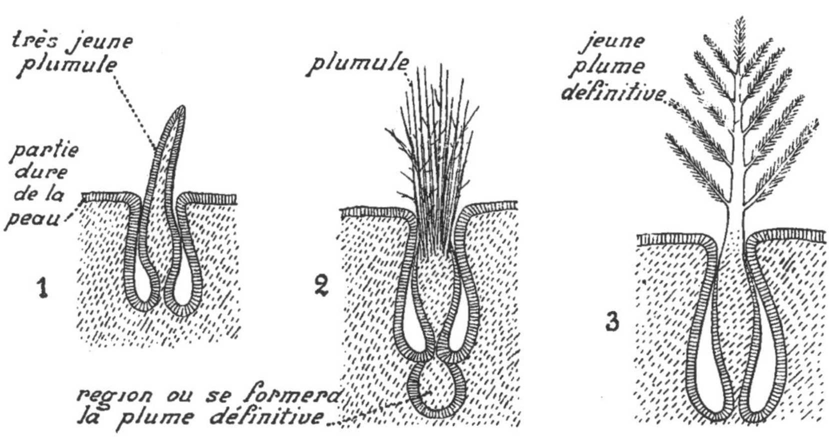

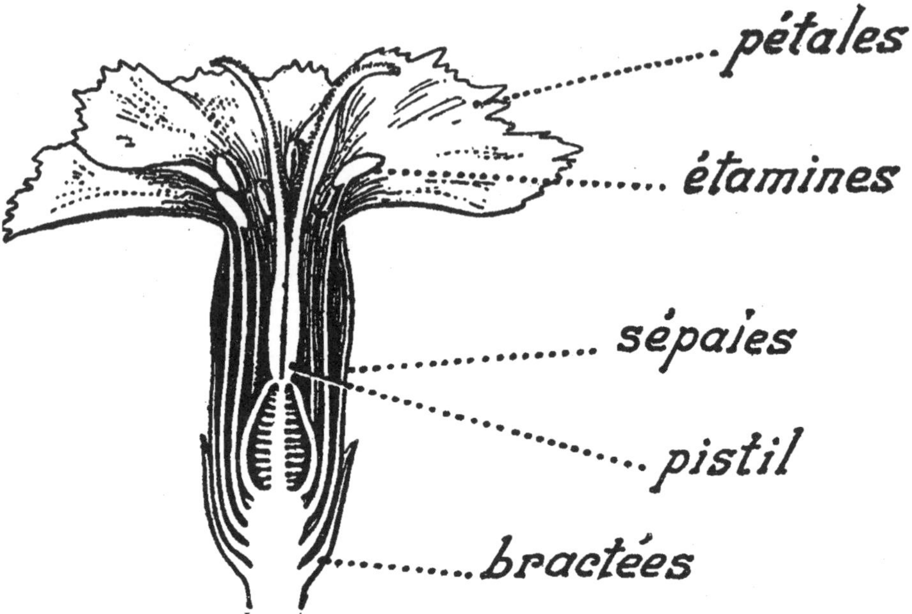

A natureza: órgãos que funcionam.

Destinos, causas, razões? Mistério; isso não nos diz respeito.

A natureza e o acontecimento são alheios à nossa força criadora: estão de fora, ocorre-lhes ficar de través. Porém, no que tange à nossa obra, o trabalho humano, a organização humana, o mundo humano, nada existe, ou tem o direito de existir, que não seja explicável. Começamos

A nacela de um dirigível.

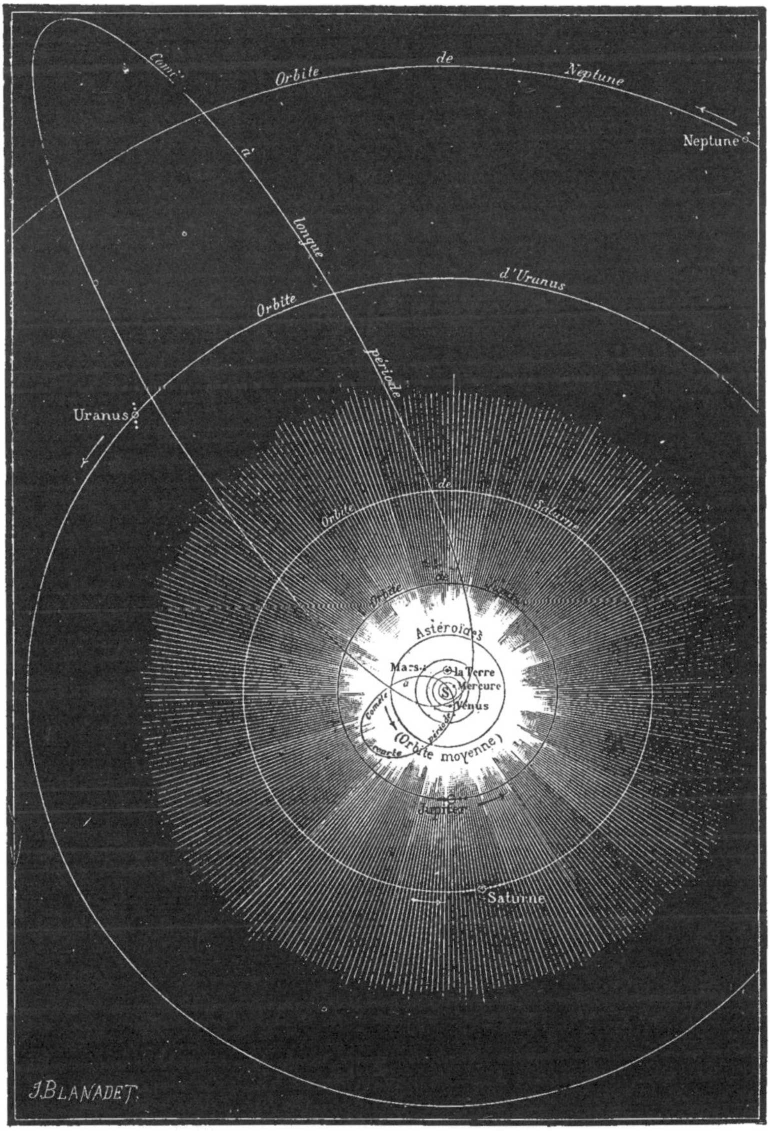

O que se sabe dos fatos que nos rodeiam.

a trabalhar: tudo deve ser claro, pois não somos loucos. Trabalhamos tendo uma meta... por mais tola que possa ser.

O inexplicável surge na relação que liga nossa ação ao universo. É aí que o artista formula e resolve ao mesmo tempo a questão emocionante. Mas, embora eu sinta emoção, não explico, todavia, por que me emocionam obras explicáveis.

Subsistem, ante a análise, as obras explicáveis, as que têm uma verdade em si, uma verdade procedente de nossa mente.

Para julgá-las, possuo esse espírito de verdade que é um controle. Então explico. Ainda que os objetos que tento explicar estejam acima de minha compreensão, explico-me onde está minha deficiência e também a obra *servente*, avalio que ela é explicável e lícita. Então sou movido por uma força de julgamento. Não aceito nada cuja razão não meça. Trabalhador, faço o inventário das coisas que trabalham; cerco-me. Neste dia de hoje, percebo que uma profusão de objetos que outrora traziam o espírito de verdade estão vazios e não passam de carcaças; jogo fora, jogo fora... Minha vida não está destinada a conservar mortos. Jogo fora a locomotiva de Stevenson. Mas, se jogo fora a primeira locomotiva, que é que vou conservar daquilo que não é meu presente? Jogarei fora tudo, pois minhas vinte e quatro horas devem ser produtivas, ardentemente produtivas. Jogarei fora tudo do passado, exceto o que ainda tem serventia. Algumas coisas sempre têm serventia: a arte.

* * *

Sempre terei em mim a certeza de que o homem é um ser ativo num mundo em ação, e não um elemento passivo. O próprio faquir me confirma isso.

Um ser ativo tem um espírito de verdade que é seu juízo. Seu juízo é arbitrário, dirime a todo minuto. É um imperativo que é, ao mesmo tempo que a força, a lucidez. Não há fórmula do espírito de verdade; não é encontrada nas farmácias. Esse espírito de verdade é a força do homem. Diógenes respondeu a Alexandre, o Grande: "Afasta-te de meu sol!" O espírito de verdade não se inquieta com distâncias e costumes e não teme as conseqüências.

O Sol passa uma vez nas 24 horas de meu dia: "Afasta-te de meu sol." Tenho o direito de repreender assim coisas e sentimentos que não passam de lacaios. Cada um de nós é um senhor: "Afasta-te de meu sol."

Diógenes era um "cínico". A palavra designa a arrogância, mas implica uma vontade total, inteira. Esse *inteiro* é que é belo. A arrogância não nos seduz nem um pouco. Alexandre e o tonel de Diógenes estão fora de nosso tempo. Deixemos de lado a arrogância.

Saturno: um fato verdadeiro.

* * *

Quando intervém na obra humana o inexplicável, ou seja, quando o nosso espírito é projetado longe da estreita relação entre causa e efeito e um sentimento alegre nos excita e leva nossos pensamentos do objeto brutal para o fenômeno cósmico no tempo, no espaço, no inapreensível, apenas no perceptível das raízes que se enterram em toda a nossa volta e nos nutrem com o suco do mundo, o inexplicável é então o milagre da arte, aquele momento em que um objeto definido, cruamente criado, ali diante de nossos olhos, de uma forma semelhante para todos nós, é como que um rádio, um potencial do espírito, uma potência concentrada, uma obra de arte.

Isso serve e servirá eternamente a nossas emoções. O mistério não deve ser menosprezado, não deve ser rejeitado, não é fútil. Ele é o minuto de silêncio em nosso trabalho. Espera o iniciado. O iniciado é o homem mais forte que explicará... um dia.

* * *

Não há mistério na crise da arte decorativa; pode surgir o milagre da arquitetura que *existirá*, no dia em que a arte decorativa *cessar*.

O cometa de 1843...

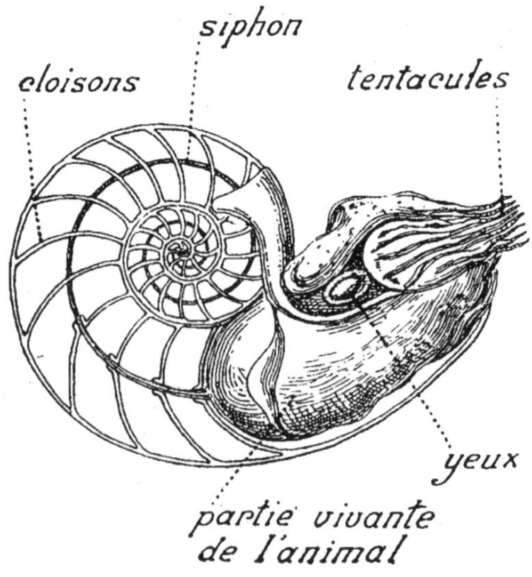

1925

EXPO.
ARTES DECO.

13

Todos nós formulamos o problema de nosso contexto externo para nossa comodidade, nosso bem-estar, para o encantamento de nossos corações, para nosso prazer, também, para a satisfação de um sentimento de decência: gostaríamos de ser apropriados.

Supressão do equívoco. Concentração do equívoco em seu próprio objeto. Atenção concentrada no objeto. O objeto tem de ser, imperativamente, feito, concebido para alguma coisa, feito com plena perfeição. O objeto perfeito é um organismo vivo, é animado pelo espírito de verdade.

Conceda-se à arte decorativa o cuidado de nosso ser afetivo. Aceitemos. Queremos pois fazer de nós seres com um juízo sobre as coisas da afetividade. Seria importantíssimo fazer de cada indivíduo um juiz sagaz. Na confusão deste período conturbado, muitos se acostumaram a pensar contra um fundo negro. Mas a obra da época, tão ousada, tão aventureira, tão belicosa, tão conquistadora, parece esperar de nós que pensássemos contra um fundo branco.

Canadian Pacific.

O LEITE DE CAL
A LEI DA TINTA ESMALTE

Se a questão da arte decorativa este ano parece, nos gritos da multidão, nas girândolas dos fogos de artifícios, nos palácios de gesso dourado, ocupar um espaço considerável no seio de nossas preocupações, é porque 1925 é, excepcionalmente, a "Maratona" internacional das artes domésticas. Uma tensão manifesta em todos os países alimenta a ilusão de um esforço fecundo e revigora as energias. Uma tensão manifesta está no ar. Saltimbancos convencidos nos inundaram de conversas "decorativas", e lá estamos nós, prontos para assistir à grande representação internacional da decoração. Atrás da decoração, encontraremos, no local, os verdadeiros elementos da tensão que reina sobre todos os povos: o caramujo reúne os elementos de sua concha; trata-se, em definitivo, de uma questão de casa.

O fato da arte decorativa não era um grande fato. Mas é, inegavelmente, um fato social atual, ativo, pleno da mobilidade e da profusão que assinalam a hora estratégica de uma decisão. É, conforme a interpretação que se puder dar desse movimento, um fato detestável ou um fato louvável.

Em todas as camadas da sociedade, ocupam-se com essa coisa que é *sentimental*: ornamentar à volta de si para tornar a vida menos vazia. De repente, após um século de indiferença absoluta, uma preocupação íntima, incisiva, ativa, tomou conta de todos. Todos nós formulamos o problema de nosso contexto exterior para nossa comodidade, nosso bem-estar, para o encantamento de nossos corações, para nosso prazer, para, também, a satisfação de um sentimento de decência: gostaríamos de ser *apropriados*. É impressionante constatar que estamos em face de um *movimento profundo*, de um movimento social. Bem sei, acredito mesmo que se trata, de fato, de um movimento de arquitetura, de um movimento geral de arquitetura que ocorre em seu momento, em sua hora, um movimento histórico de arquitetura. Se é um movimento geral de arquitetura, eis-nos diante de um fato louvável. A arquitetura está nas menores coisas e se estende a toda a obra humana: a apoteose das artes decorativas no ano de 1925 marca, pois, num paradoxo, é verdade, o despertar do movimento arquitetônico da época maquinista. Abundam sintomas expressivos: por toda parte, em cada país, a grande imprensa (os jornais), as grandes revistas de informação, as revistas de cenáculos, tudo quanto é impresso, incluíram recentemente em seu sumário a rubrica "arquitetura". O interesse se estende da caixa de chapéu da costureirinha ao futuro plano de Paris, de Londres ou de Moscou.

O detestável, ante um fenômeno tão vasto e tão próximo de nosso coração individual e do coração coletivo, seria ver organizar com a ajuda de bilhões, sob a legislação do Estado, a exaltação da caixa de chapéu com flores estampadas: construir os luxuosos palácios de uma imensa exposição para engastar, sob edifícios "sublimes", a insignificante aventura de um botão de flor que zanza de um cabo de guarda-chuva a um espaldar de *bergère*!

A Feira de Paris, por sua vez, foi o inverso do desagradável evento: sob sumárias barracas, os estandes de eletricidade nos mostraram a maravilhosa conquista da ciência e, com isso, a inevitável transformação de nosso contexto social. A exposição foi importante.

No entanto, é verdade que, ao lado dessa grande exibição das forças humanas que pareciam dever elevar-nos ao novo estado de semideuses, recaímos, a cada final de trabalho, em nosso mais baixo nível sentimental. Esse sonho louco para onde nos leva a conjetura se desfaz ante o modesto, mas imperativo edifício do ser afetivo: um coração de homem que jamais mudará.

Que se conceda à arte decorativa o cuidado desse ser afetivo. Vamos, estando assim colocada a questão, passar uma faca afiada entre as protuberâncias apaixonadas dos dois casos contrários e pôr afinal uma primeira ordem nos sentimentos contraditórios que nos perturbam.

Queremos, portanto, por meio da arte decorativa, dar ao nosso coração uma satisfação que seja digna do semideus que, aliás, impõe constantemente a nossos espíritos suas violentas sugestões. Assim, é porque queremos fazer de nós seres detentores de um juízo sobre as coisas da afetividade e que entendem constituir o contexto lícito de seu descanso.

Seria importantíssimo, pois, fazer de cada indivíduo um juiz sagaz. Faz muito tempo (e mesmo os primeiros comunistas como Léandre Vaillat em *Le Temps*) que se prega a cruzada da arte entre a multidão. Confusão. A arte está em toda parte na rua, que é o museu do presente e do passado. Basta saber reconhecê-la e fica supérfluo querer acrescentar-lhe outra. Onde há séria falta dela *é no indivíduo*. É aí que essa ausência, multiplicada por milhões, cria um fato coletivo cujas conseqüências sociais são graves: o abandono dos lares. É ao indivíduo que se deve levar a arte e para isso é útil proporcionar um juízo ao indivíduo.

Falta ao indivíduo um juízo.

Se os novos "surrealistas" (antigos dadaístas) pretendem elevar-se acima das brutalidades do objeto e querer estar atentos apenas às relações que se podem estabelecer no imperceptível do sonho mais distante de nosso consciente, eles fazem questão, não obstante, de ser como antenas de rádio e com isso elevam a seu patamar o rádio, o qual, por outro lado, fingem admitir como sendo da mais insípida vulgaridade, da mais insignificante realidade. E as relações supremamente elegantes de suas metáforas – para quem não é tão "elevado sonhador" – apóiam-se, todavia, como tudo indica, em termos que são resultado de belo e bom esforço consciente, teimoso, lógico, verificado pelas suficientes matemáticas e geometria – absoluto suficiente do aço polido, exatidão suficiente do funcionamento das mecânicas, etc.

De Chirico, no primeiro número da *Révolution Surréaliste* (dezembro de 1924): "Eles são como alavancas, irresistíveis como máquinas todo-poderosas, esses guindastes gigantescos que erguem sobre o formigueiro dos canteiros de obras grandes blocos de fortalezas flutuantes com torrinhas pesadas como mamas de mamíferos antediluvianos..."

Por mais longe que se queira levar a exaltação do afetivo (mesmo que fosse apenas para pregar uma peça num racionalismo que foi e é muito necessário e, fazendo isso, criar um novo romantismo byroniano), os pontos de apoio das relações comoventes serão os *objetos*, e os únicos possíveis, os *objetos que funcionam.*

Portanto, os poetas do Surrealismo – grande palavra surgida sem que houvesse conivência, nesse tempo preparatório da Exposição de 1925 – só podem apoiar sua poética no realismo, esse realismo que é o fruto magnífico da época maquinista e que ainda nos sensibiliza tanto, que eles mesmos lhe vinculam o labirinto de seus sonhos.

Essa época maquinista produz o objeto realista detentor de elevada poesia. Esse objeto realista é o objeto que julgamos bom, que amamos tanto, com o qual desejaríamos tanto viver, que nosso desejo acrescenta à sua eficácia o grau superior de beleza! *O objeto realista eficaz é belo.* Tal é a conclusão sumária do espírito que se forjou nas labutas da época.

Assim, portanto, revisão de nosso belo, necessidade de reconhecer o nosso belo.

Um *belo* feito de objetos cujas relações nos elevam muito.

* * *

Se algum Sólon impusesse à nossa efervescência estas duas leis:

A LEI DA TINTA ESMALTE
O LEITE DE CAL

praticaríamos um ato moral: *Amar a pureza!*
desenvolveríamos nosso estado: *Ter um juízo!*

Um ato que conduz à alegria de viver: a perseguição da perfeição.

Imagine os efeitos da Lei da Tinta Esmalte. Cada cidadão é obrigado a substituir seus revestimentos de parede, seus damascos, seus papéis de parede, suas pinturas decorativas, por uma demão pura de tinta esmalte branca. A pessoa torna limpa *a sua casa*: já não há em nenhum lugar canto sujo, nem canto escuro: *tudo se mostra como é*. Depois a pessoa limpa *a si própria*, pois entra-se na trilha de recusar-se a admitir o que quer que não seja lícito, autorizado, querido, desejado, concebido: só se age quando se concebeu. Quando a sombra e os cantos escuros cercam você, você só está em casa até o limite turvo dessas zonas obscuras que seu olhar não penetra; você não é dono em sua casa. Você será, após a pintura com tinta esmalte de suas paredes, *dono de você*. E quererá ser exato; ser justo, pensar claramente. Você arrumará sua casa, quando seu trabalho tiver desarrumado. Depois de seu trabalho, você arrumará, verá o que ele produziu; você se desembaraçará do inutilizável, fará um balanço e o transporte do resultado.

Na tinta esmalte, o que serviu e é resíduo, você jogará fora. Ato importante na vida; moral produtiva. Separará o que serve e jogará fora o que serviu. Quando comemos, a natureza sabe jogar fora o que serviu. Nós, fora da lei da tinta esmalte, conservamos e fazemos da casa um museu ou um templo com ex-votos; fazemos de nosso espírito um depósito, uma *custódia*. Favorecemos também o avaro instalado em nós e o instinto de propriedade nos agarra, nos estreita: Harpagon*. Mentimos então, pois procuramos dissimular essa covardia de não ousar separar-se e essa feiúra de acumular; *instauramos o culto da recordação*. E mentimos todos os dias a nós mesmos. Mentimos aos outros. Mentimos ao nosso destino, pois, ao invés de deixar ao nosso espírito a liberdade da investigação dirigida à imensa terra que está à frente, nós o cercamos dentro dos estreitos meandros, armadilhas, alçapões, fossas da lembrança.

Na tinta esmalte branca das paredes, esses amontoados de coisas mortas do passado não poderiam ser tolerados; destoariam. Ao passo que não destoam na mixórdia de cores de nossos damascos ou de nossos papéis de parede.

Se sentimos prazer em conversar com os seres que não existem mais, a pura recordação em si mesma não será então mais viva e exata do que despertada por intermédio das coisas mortas?

---

* Personagem da peça *O avarento*, de Molière, Harpagon é a personificação da avarícia extrema. (N. do E.)

A Lei da Tinta Esmalte traria a alegria de viver, a alegria de agir. Sólon, dá-nos a Lei da Tinta Esmalte!

* * *

O leite de cal existe em todo lugar onde os povos conservaram intacto o edifício equilibrado de uma cultura harmoniosa.

Chega um acontecimento heterogêneo, contrário à harmonia do sistema, o leite de cal desaparece e assim se consuma o desaparecimento das artes regionais, – morte dos folclores – e surge a necessidade para os povos de, através do conhecimento, escalar o longo caminho que conduz a um novo estado de equilíbrio.

Encontrei, no decorrer de minhas viagens, o leite de cal em todo lugar onde o século ainda não havia virado. Mas todos esses povos adquiriam, um após o outro, a cultura das cidades, e o leite de cal, que ainda fazia parte da tradição, em alguns anos devia ser expulso pelo papel de parede, pelas porcelanas com dourados, pelos utensílios de folha-de-flandres, pelo ferro fundido multicolorido – expulso por Pathé-Ciné e Pathé-Phono, expulso pela indústria que, às almas serenas, trouxe brutalmente a perturbação total.

Assim que chegam os utensílios de folha-de-flandres da fábrica ou a porcelana com enfeites dourados, o leite de cal não poderia subsistir; é substituído pelo papel de parede que tem o mesmo espírito dos recém-chegados. Ou a subsistência do leite de cal significa que os utensílios de folha-de-flandres ainda não chegaram, pois o leite de cal os denunciaria. Pathé-Phono ou Ciné, que é o sinal dos tempos, não é detestável, longe disso; mas Pathé encarna, nesses países que baseiam sua vida na moral dos séculos de tradição, o vírus dissolvente que em alguns anos vai desagregar tudo. Quando, antigamente, eu ouvia nas "Doces Águas da Europa", no fundo da baía do Chifre de Ouro, o som fanhoso de inumeráveis vitrolas nos caiaques que marulhavam na água, calculava que Abdul Hamid estava morto, que os jovens turcos haviam chegado, que o Bazar mudava de signo, que o Ocidente triunfava. E hoje já é Ancara e o monumento a Mustafá Kemal! O acontecimento é rápido. A sorte está lançada: mais uma civilização secular que desaba. Acabou-se o leite de cal por muito tempo também na Turquia!

O leite de cal está vinculado à moradia do homem desde o nascimento da humanidade; calcinam-se pedras, trituram-se, diluem-se com água e as paredes ficam do mais puro branco; um branco extraordinariamente belo.

Se a casa é totalmente branca, o desenho das coisas nela se destaca sem transgressão possível; nela o volume das coisas aparece nitidamente; nela a cor das coisas é categórica. O branco de cal é absoluto, tudo nele se destaca, escreve-se absolutamente, preto no branco; é franco e leal.

Coloque nele objetos malfeitos ou de gosto duvidoso; salta aos olhos. É um pouco como os raios X da beleza. É um Supremo Tribunal em sessão permanente. É o olho da verdade.

O branco de cal é extremamente moral. Suponha um decreto que prescreva que todos os quartos de Paris sejam caiados. Afirmo que seria uma obra policial de grande envergadura e uma manifestação de alta moral, sinal de um grande povo.

O leite de cal é a riqueza do pobre e do rico, de todo o mundo, como o pão, o leite e a água são a riqueza do escravo e do rei.

* * *

Lei da Tinta Esmalte, Leite de Cal: supressão do equívoco. Concentração da intenção em seu próprio objeto. Atenção concentrada no objeto. O objeto é obrigado a ser imperativamente feito, inteiramente feito, concebido para alguma coisa, feito com plena perfeição. O objeto perfeito é um organismo vivo, é animado pelo espírito da verdade. Temos em nós um imperativo leal que é o espírito da verdade e que, no liso da tinta esmalte e no branco da cal, reconhece o objeto verdadeiro. O objeto verdadeiro resplandece de força; de um objeto verdadeiro a outro verdadeiro, estabelecem-se relações surpreendentes. Temos alma de demiurgo; ela apóia seus atos nesses objetos verdadeiros que o gênio humano cria. A alegria suprema, a verdadeira alegria é criar: criar objetos ou hipóteses, mas atender a essa profunda função primordial que já anima a mais baixa célula da vida orgânica: criar.

O maquinismo abriu a era dos semideuses. Tudo ainda está por fazer. Nossos corações confiantes e nossos olhos entusiastas dirigem-se unanimemente para esse porvir que anda depressa e nos arrasta.

Realmente, não podemos mais ser passivos, adicionando na coluna "Passivo" contemplações retrospectivas, confissões inertes, declarações de amor estéreis para sempre.

Tampouco podemos, nós que somos homens viris numa idade de despertar heróico das forças do espírito, numa época que soa um pouco como o sino trágico do dórico, escarrapachar-nos nos pufes e nos divãs entre orquídeas, entre perfumes de harém, e fazer de animais de decoração, espécies de colibris com smokings impecáveis alfinetados pelo corpete, como borboletas de coleção, em ramagens de ouro, de laca, de lamês, dos lambris e dos papéis de parede.

Tanto no Estádio como no Banco, exigem-se o exato e o claro, o rápido e o justo. No estádio e no banco, o meio é apropriado aos atos, o meio é claro como está claro na cabeça que deve pensar. Talvez haja pessoas que pensam contra fundo negro. Mas a obra da época, tão ousada, tão aventureira, tão belicosa, tão conquistadora, parece esperar de nós que pensemos contra fundo branco.

L'Illustré. O sultão Mahembe e seus dois filhos.
Essas três cabeças negras contra fundo branco, aptas para governar, para dominar ... porta entreaberta por onde se avista a verdadeira grandeza.

Ateliê do Sr. Ozenfant.

Le Corbusier e Pierre Jaenneret.

CONFISSÃO

Um amigo que seguia com atenção o desenvolvimento da idéia nos capítulos deste livro enquanto eram publicados em *L'Esprit nouveau* e que, por outro lado, conhecia um pouco de meu passado, disse-me: "Você conclui pela negação da arte decorativa. Pois bem. Só se conhecem de você obras de arquitetura totalmente despojadas de arte decorativa. Pensarão: esse homem ignora a beleza da pequena flor e a do canto do grande Pã que faz a natureza estremecer. Está nutrido de teorias; a secura mora em seu coração; é fácil para ele anular um raciocínio com sua pena, um ciclo importante de emoções e as múltiplas artes que as integram e as perpetuam. Você não pode deixar que façam um juízo tão sumário de suas conclusões; estas resultam de uma longa odisséia através dos arquipélagos do conhecimento. Você deve dar a entender o que foram suas dúvidas e seus ímpetos durante esses vinte e cinco anos em que, precisamente, a época parece ter-se formulado na aceleração de um fim de profunda evolução. Deve explicar a razão de sua idéia explicando a si mesmo; você deve a seus leitores, no final de seu livro, as justificáveis divagações de uma *confissão*."

Aqui está a confissão:

Faz vinte e cinco anos que decidi em minha cabeça de garoto ocupar-me de arte. Se cheguei hoje à arquitetura, foi depois de ter passado pelas etapas da arte em que parece reinar uma liberdade maior, em que o contato com a natureza é direto, em que as emoções são mais imediatas. Por volta de 1900, participando do movimento de espírito heróico-conquistador de então, admiti a priori que apenas as artes decorativas me prenderiam a uma tarefa séria; as "artes livres" me pareciam por demais voltadas para o prazer. Falava-se da renovação do contexto social, enquanto a pintura só se inquietava em fazer raios de sol fulgurarem entre os arvoredos de paisagens preguiçosas; muito poucos sabiam que Cézanne estava trabalhando e que Seurat havia existido.

Meu mestre, um excelente pedagogo, verdadeiro homem dos bosques, nos fez homens dos bosques. Meus anos de infância se passaram com meus colegas em meio à natureza. Meu pai, aliás, dedicava um culto apaixonado às montanhas e ao rio que formavam nosso lugar. Estávamos constantemente nos cumes; o imenso horizonte nos era costumeiro. Quando o mar de nevoeiro se estendia ao infinito, era como o verdadeiro mar – que jamais eu vira. Era o espetáculo culminante. A idade de adolescência é a idade da curiosidade insaciável. Fiquei sabendo como eram as flores, por dentro e por fora, a forma e a cor dos pássaros, compreendi como cresce uma árvore e por que se mantém em equilíbrio mesmo em meio ao temporal.

Meu mestre dissera: "Apenas a natureza é inspiradora, é verdadeira e pode ser o suporte da obra humana. Mas não faça a natureza à moda dos paisagistas, que mostram apenas o seu aspecto. Esquadrinhe-lhe a causa, a forma, o desenvolvimento vital e faça-lhe a síntese criando *ornatos*." Tinha ele uma concepção elevada do ornato, que queria que fosse como um microcosmo.

Para ele, permanecem três grandes períodos: o Egito com o lótus, a Grécia com o acanto, o Gótico com as flores e os animais dos bosques (resumo radical da história da arte, como se vê!). Lótus, acanto, repolho crespo ou agrião. Vamos pois esquadrinhar com paixão o local onde estamos; desde o botão até a repetição cadenciada dos montes ao horizonte, vamos constituir o mais deferente e enternecedor dicionário de formas falantes. Nosso estilo será um estilo da terra, um poema à nossa terra. (Veja, Léandre Vaillat, que fui por muito tempo – também eu – um regionalista.)

Foi portanto assim.

Durante dez anos compusemos uma espécie de ode à nossa terra.

Meu mestre dissera: "Vamos renovar a casa e reconstituir as belas profissões desaparecidas." Éramos uns vinte escolhendo nossa vocação: escultor de pedra, de madeira, ceramista, mosaicista, vidreiro, latoeiro, cinzelador, gravador, serralheiro, joalheiro, fresquista, etc. Que coorte! Uma alegria de viver magnífica, uma fé total.

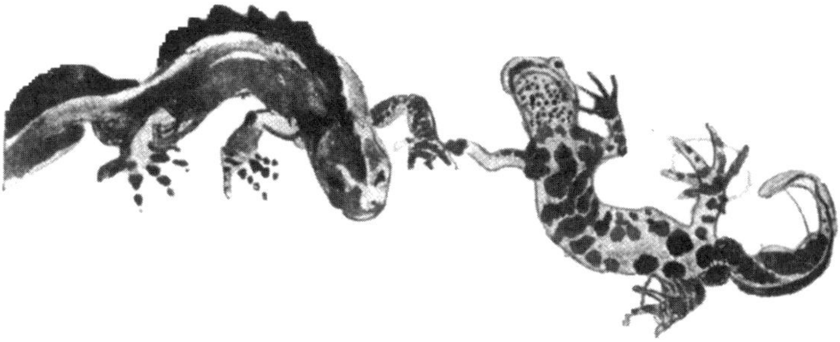

Domingo, costumávamos ficar agrupados no cume da montanha mais alta. Com picos e grandes rampas amenas; pastagens, rebanhos de grandes animais, horizontes infinitos, vôo de corvos. Preparávamos o futuro. "Aqui", dizia o mestre, "reconstruiremos um monumento dedicado à natureza. A ela consagraremos o fim de nossa vida. Deixaremos a cidade e moraremos embaixo das grandes árvores, ao pé do edifício que lentamente encheremos com nossas obras. Todo o lugar se encarnará nele. Toda a fauna, a flora. Uma vez por ano, grandes festas serão ali realizadas. Nos quatro cantos do edifício, fogueiras imensas se acenderão então..."

Durante aqueles anos, foram fundados ateliês de arte. Havíamos decorado capelas, salas de música, criado móveis, feito jóias, colocado túmulos no cemitério. A maior parte de nós havia deixado a família e, nos arredores da cidade, alugamos celeiros aos quais voltávamos à noite para estarmos melhor na natureza. Era a VERDADEIRA VIDA. Grandes palavras: a vida! Exaltação na aflição de nossos corações de jovens. Jorrava exagerada força e a organização opressora de uma sociedade burguesa nos forçava à continência, em tudo. Os jovens são *verdadeiros* demais; atrapalham; são deixados fora do cercado bem vedado onde se amontoa uma sociedade burguesa. Tínhamos fundado uma escola (um pouco como a Bauhaus de Weimar devia fazer dez anos depois). Os professores das outras escolas da cidade começaram então um surdo trabalho de térmitas. Rivalidades, calúnias, mentiras, animosidades... Acontece-me às vezes agora reencontrar, ao acaso das encruzilhadas, homens que foram meus alunos. A luta contra o público cético e contra a escola rival foi áspera. Enfim, os socialistas nos arrasaram. Por que os socialistas? Talvez tenha sido esse, realmente, o meu primeiro espanto de adulto.

Um de nós, depois o outro, partiu para viajar. E voltou. E abriu olhos espantados, inquietos ante a efervescência que ainda animava aqueles que haviam ficado. Penetrando um dia sob as abóbadas de uma sala que meus colegas decoravam, fiz um discurso herético: "*Navio!*" gritaram-me eles do alto dos andaimes.

....

A agonia veio um dia.

Ao cabo de quinze anos, tudo estava acabado. Dispersão, rancores, invejas, ódios.

O mestre havia esquecido que nele, como em nós, havia corações

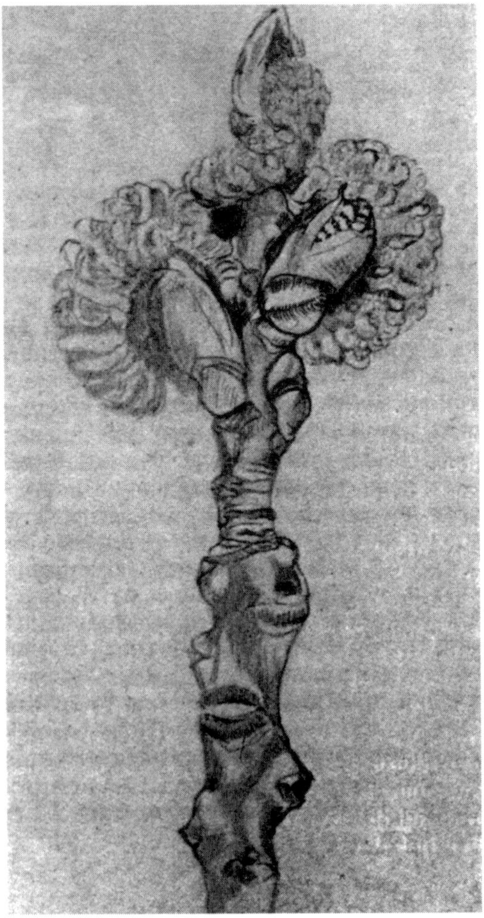

selvagemente inteiros, selvagemente egoístas. A bela aventura, a deslumbrante aventura terminara.

Os burgueses da cidade, tranqüilizados; as derradeiras rugas sobre a onda tão violentamente agitada se apagaram; podiam recomeçar serenamente sua partida de baralho e tirar baforadas de seus charutos.

Aqui termina meu primeiro capítulo.

* * *

A brutalidade das grandes cidades exploradas então, uma após a outra, para aprender, para viver, para procurar o ponto de aplicação de energias ávidas de produzir. As grandes cidades são, para os jovens, desertos onde se morre de fome diante de milhares de portas fechadas: adivinha-se no interior o tinido dos garfos.

Vida de cachorro perdido.

As escolas das grandes cidades! Rapazes e moças adolescentes; os homens têm os cabelos compridos, as mulheres os cabelos curtos. Havia ainda boemia naquele tempo, muito antes da guerra.

"Sou um garoto que procura... um mestre!" Aqui seis anos, ali quatro anos! Os ensinamentos são muito lentos e parecem carrancudos,

Românico.

Assíria.

com pequenas pontas ao redor, como um porco-espinho que se enrola. Meter-se numa dessas galés? Em Paris, em Viena, em Munique, em Berlim? Enquanto se sente a vida fervilhar lá fora, uma vida que é diferente daquela de que falam os ensinamentos?

Busca da verdade nas Bibliotecas. Os livros. Os livros são inumeráveis. Onde está o começo? Essas horas de bibliotecas em que se persegue nos livros a verdade! E caímos de repente num buraco. Está escuro, não se compreende mais nada.

Os museus forneceram-me as certezas sem buracos, sem embustes. As obras estão lá como um todo, e a conversa é sem disfarces, a conversa a dois é dirigida por aquele que pergunta; a obra responde sempre às perguntas que se lhe formulam. Como são boas escolas as obras dos museus.

Os museus são grandes; fiz perguntas apenas àquela a que chamam a Grande Arte. Ia mesmo, aos domingos, ver os Cimabue, os Breughel, os Rafael, os Tintoreto, etc. Mas, para trabalhar, para desenhar, para compreender a riqueza suficiente que se deve dar ao trabalho, o grau de concentração, de transposição, de invenção, de recriação, detinha-me ali onde

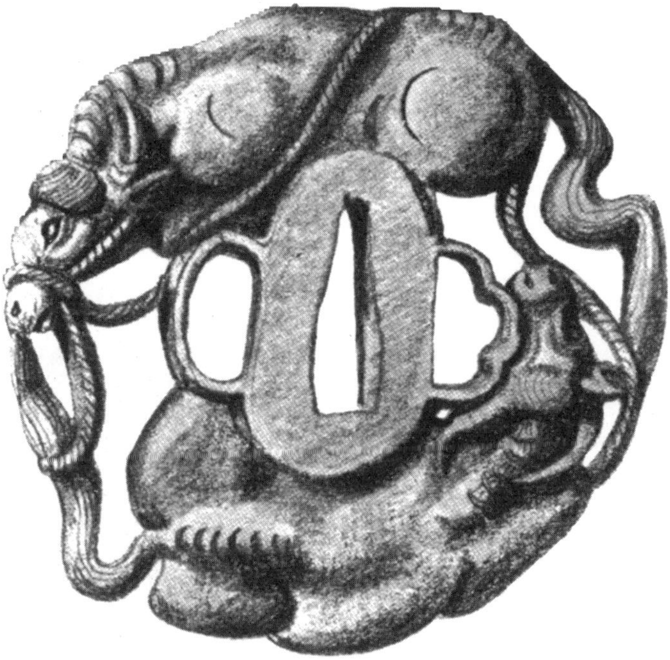

Japão.

Idade Média.

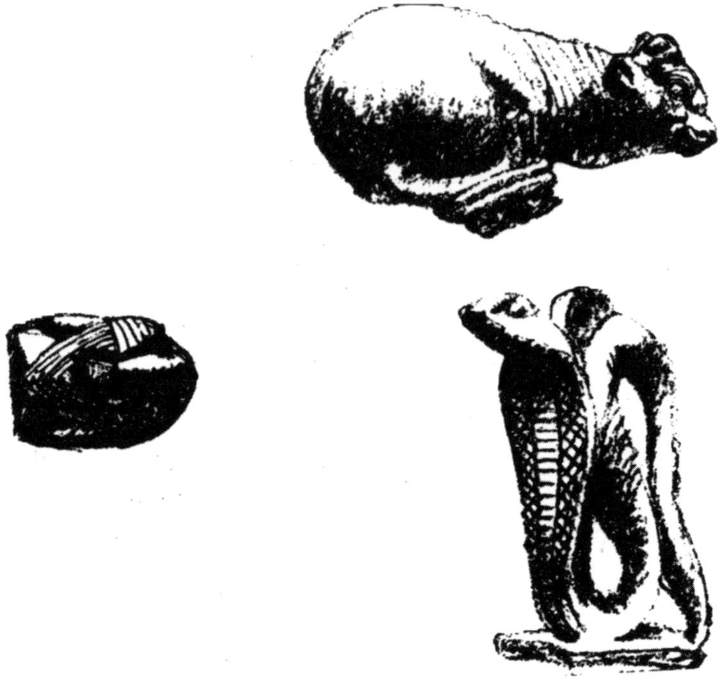

Egito.

naquele tempo ninguém armava seu cavalete – bem longe da "Grande Galeria*". Estava sempre sozinho... com os vigias:

No Cluny**, para as tapeçarias, as miniaturas, os pratos persas.

No Guimet***, para todos os bons deuses de bronze, de madeira, de pedra.

Na Galeria do Sr. Pottier ****, para os etruscos e os gregos.

No Trocadéro*****, para os pórticos das catedrais da França.

---

* A Grande Galeria do Museu do Louvre, onde se encontram as obras dos grandes pintores. (N. do T.)

** O Museu de Cluny, instalado no solar parisiense da abadia de Cluny, reúne obras medievais. (N. do T.)

*** O Museu Guimet, antes denominado Museu Nacional das Religiões, reúne obras de arte orientais, sobretudo religiosas. (N. do T.)

**** Departamento do Museu do Louvre, organizado originalmente por Edmond Pottier, que agrupa cerâmicas antigas. (N. do T.)

***** Trata-se do Museu dos Monumentos Franceses, que apresenta moldagens e reproduções em tamanho natural da arte monumental francesa. (N. do T.)

Peru.

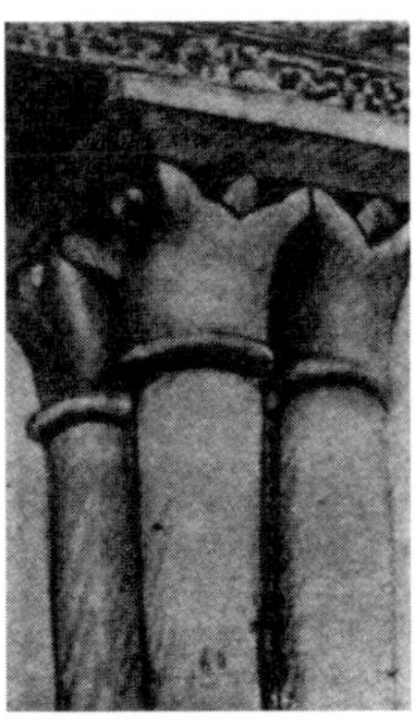

Românico.

Grego.

No Pavilhão de Marsan*, para os tapetes e os brocados da Pérsia.

No Museu de História Natural, para receber muitas exortações. Há muito o que perguntar ao Museu de História Natural: as conchas, as

Caldeu.

* O Museu de Artes Decorativas. (N. do T.)

Negros.

Creta.

Grego.

aves, os grandes esqueletos da pré-história e os de todos os bichos de nosso tempo. Primeira introdução à mecânica das coisas.

No Museu Etnográfico* do Trocadéro: os mexicanos, os peruanos,

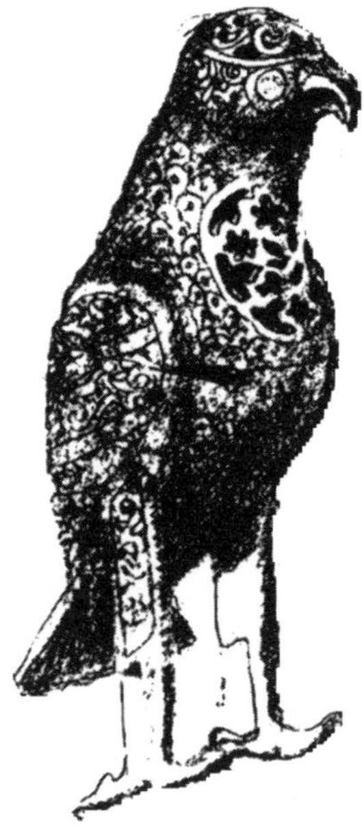

Persa.

* Atualmente, Museu do Homem. (N. do T.)

os negros. Era lá que se ficava sozinho em 1907. Nem um gato! Os negros, mas era uma revelação! Nimba, deus da maternidade.

No Museu Etnográfico de Berlim, os mesmos.

Em Londres, o South Kensington* e a fascinação das dançarinas indianas.

A arte do Benin no British.

As artes populares, as cerâmicas e os tapetes no Museu Etnográfico de Belgrado.

Os etruscos no Museu Etnográfico de Florença.

Os átridas no Museu Nacional de Atenas.

A arte decorativa antiga no Museu de Nápoles e em Pompéia.

Quantas lições, quantas lições! Quantos desenhos que inscrevem ansiosamente e respondem as perguntas com o contorno preciso da forma eloqüente.

* * *

Em 1907, bati à porta do Sr. Grasset que me aconselhou: "Vá ver Auguste Perret."

Auguste Perret acabava de terminar a garagem Ponthieu e sua casa da Rue Franklin. Dizia a quem quisesse escutá-lo com o fragor do combate na voz: "Construo com concreto armado." Pois é, era travar uma batalha então. Foi uma hora heróica. Auguste Perret foi o homem dessa hora. E é um lugar preciso o que ele ocupa e que permanecerá sempre seu no recuo dos anos.

Auguste Perret se espantava de me ver amar assim os museus: "Se eu tivesse tempo", dizia ele, "praticaria matemáticas; elas formam a mente."

Pratiquei matemáticas que, praticamente, de nada me serviram mais tarde. Mas talvez tenham-me formado a mente.

Auguste Perret dizia também: "É preciso construir com perfeição; a decoração esconde em geral uma falta de perfeição."

Tive o fervor da "construção". Passei tardes inteiras em Notre-Dame de Paris, munido do enorme molho de chaves do Ministério das Belas-Artes. Conheci os menores recantos da catedral até a extremidade das torres, dos pináculos e dos arcobotantes. Foi para mim a epopéia gótica. Mas as admirações que de bom grado teria dedicado à forma e à poética góticas concentraram-se na estrutura. Hoje fico tomado de comoção diante da beleza primordial de uma planta de catedral e de

* Um dos mais ricos museus de artes decorativas. (N. do T.)

Istambul.

estupefação diante da pobreza plástica primordial da própria obra. A planta e o corte góticos são magníficos, fulgurantes de engenhosidade. Mas sua verificação não é trazida pelo controle dos olhos. Espantoso apogeu de engenheiro, derrota plástica.

* * *

Um concurso fortuito de circunstâncias fez-me viajar pela Alemanha durante mais de um ano. Estava encarregado de uma missão: estudar a organização da arte decorativa na Alemanha. Estava munido de uma carta oficial que me abria as portas das fábricas, das casas comerciais, das escolas, dos ateliês de desenho. Visitei tudo, fiz perguntas sobre tudo. Vi tudo o que a Alemanha havia formado; uma organização extraordinária, uma produção imensa. O diretor das organizações de arte decorativa na Baviera dizia-me: "Visitei nossas fábricas; disse a seus diretores: Se os senhores não transformarem imediatamente sua fabricação aplicando ao pé da letra os desenhos de nossos artistas decoradores, levantarei contra os senhores o poder de nossa organização e serão esmagados. E os industriais obedeceram uns atrás dos outros!"

Istambul.

Foi então que, através de uma admiração muito compreensível, insinuou-se esta dúvida terrível: como então? Alguns artistas decoradores podem, com esboços feitos em papel, ao sabor de sua fantasia, modificar o rigor fatal, quase automático, do aprimoramento industrial? O produto industrial pode ser corrigido, subvertido por uma invenção totalmente externa? O artista decorador – que eu admirava então – tem fundamento nessa imensa pretensão?

Vi funcionar uma máquina abominável nas oficinas de construção metálica e de serralharia artística, uma "máquina de martelar". Ela recebia ferros perfilados lisos e perfeitos e, em alguns instantes, deixava-os totalmente deformados, semelhantes a sucata velha.

Dava-se então a grande cruzada do trabalho à mão.

Primeira etapa: o homem, desarmado, endireita o melhor possível o lingote de ferro, a marteladas; não consegue fazer uma coisa digna de seu desejo. Mas quantos cuidados entretanto, que esforço voltado para a perfeição!

Segunda etapa: a máquina, inventada, trefila o aço em perfis puros, lisos e matematicamente exatos. A idade do aço substitui a idade do ferro. Conseqüências incalculáveis.

Terceira etapa: o artista decorador. Religião: o trabalho à mão. Esse contestador inventa a máquina de deformar e faz *à máquina* objetos que parecem ter sido feitos à mão. Abominação!

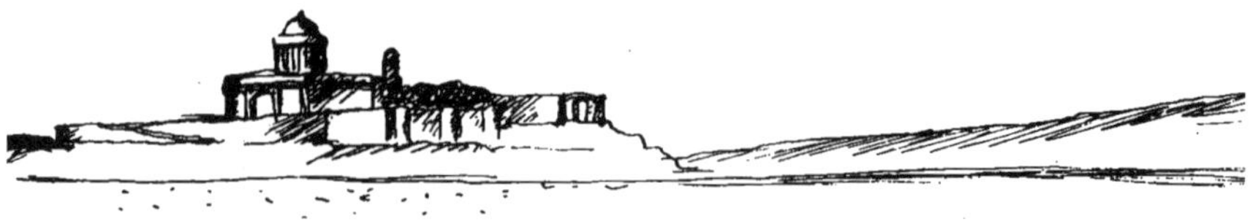

Danúbio.

A dúvida aprofundou-se cada vez mais e, quinze anos mais tarde, penso claramente que a indústria segue por si só a linha de sua evolução. O desenhista-decorador é o inimigo, o parasita, o falso irmão (meu relatório sobre o ensino do desenho em 1914: é preciso fechar as escolas de arte decorativa).

* * *

Este terceiro capítulo me encontra rodando de novo através dos países, procurando a lição que me esclarecerá, tentando apreender o nascimento da arte, a razão da arte, o lugar da arte. Conheci as modas de Paris, de Viena, de Berlim, de Munique. De todas essas modas, tudo me parecia duvidoso; mas sabia que o cimento armado e o ferro conduzi-

At Meïdan.

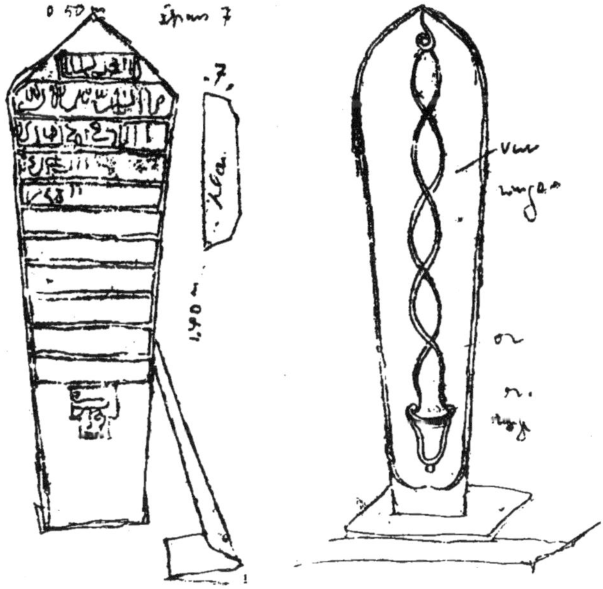

Scutari.

riam a uma forma específica e inteiramente nova; afetava-me muito com a arbitrariedade das criações de então.

Empreendi uma grande viagem que iria ser decisiva, através dos campos e das cidades dos países reputados ainda intactos; de Praga,

Stamboul

Istambul.

Eyup.

desci o Danúbio, vi os Bálcãs, a Bulgária, Andrinopla, o mar de Marmara, Istambul (e Bizâncio), Brussa da Ásia.

E depois Atos.

E depois a Grécia.

Depois o Sul da Itália, com Pompéia.

Roma.

Vi os grandes monumentos eternos, glória do espírito humano.

Cedi, sobretudo, à invencível atração mediterrânea. E estava na hora, depois dos dez anos (copiosamente tornados públicos pelas revistas) da arte decorativa e da arquitetura alemãs.

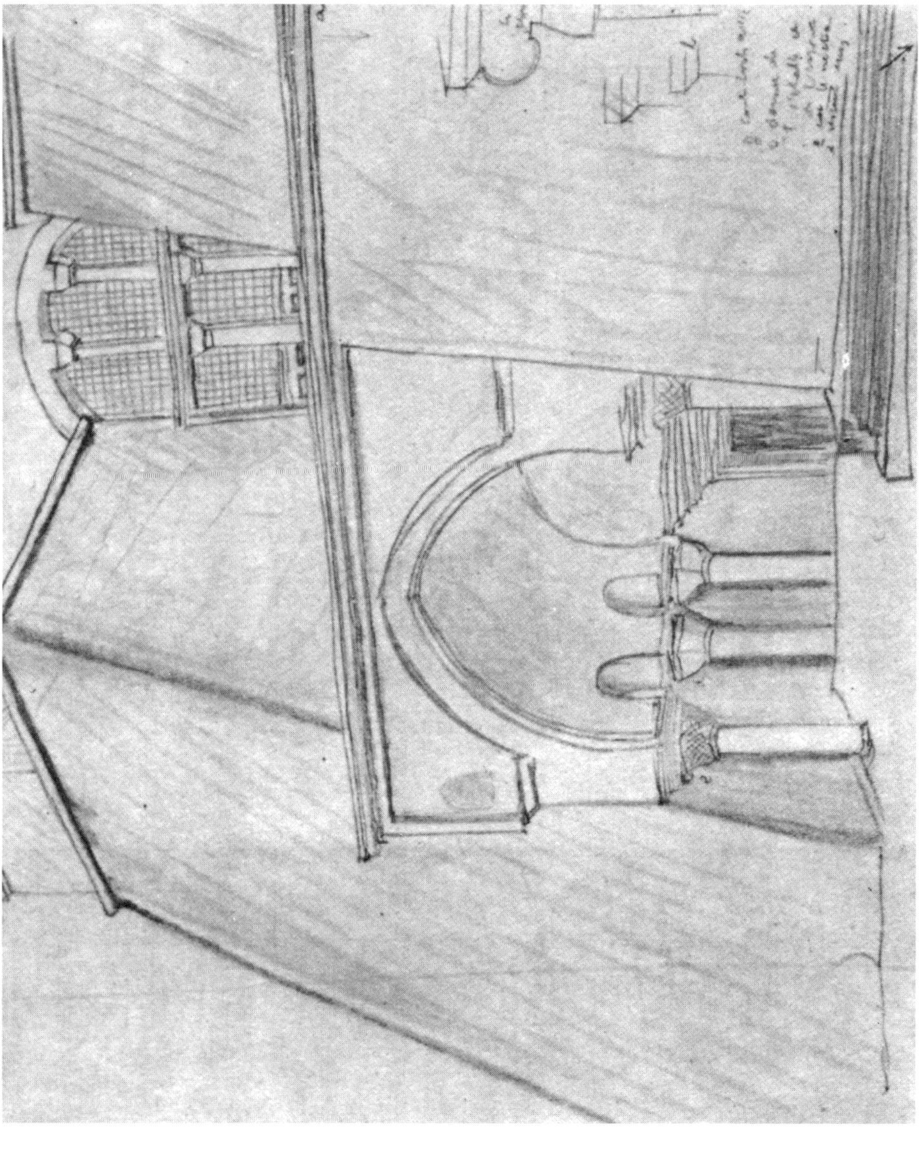

Santa Sofia.

Turquia de Andrinopla, Bizâncio de Santa Sofia ou de Salônica, Pérsia de Brussa. O Partenon, Pompéia, depois o Coliseu. A arquitetura foi-me revelada. A arquitetura é o jogo magnífico das formas sob a luz. A arquitetura é um sistema coerente da mente. A arquitetura não

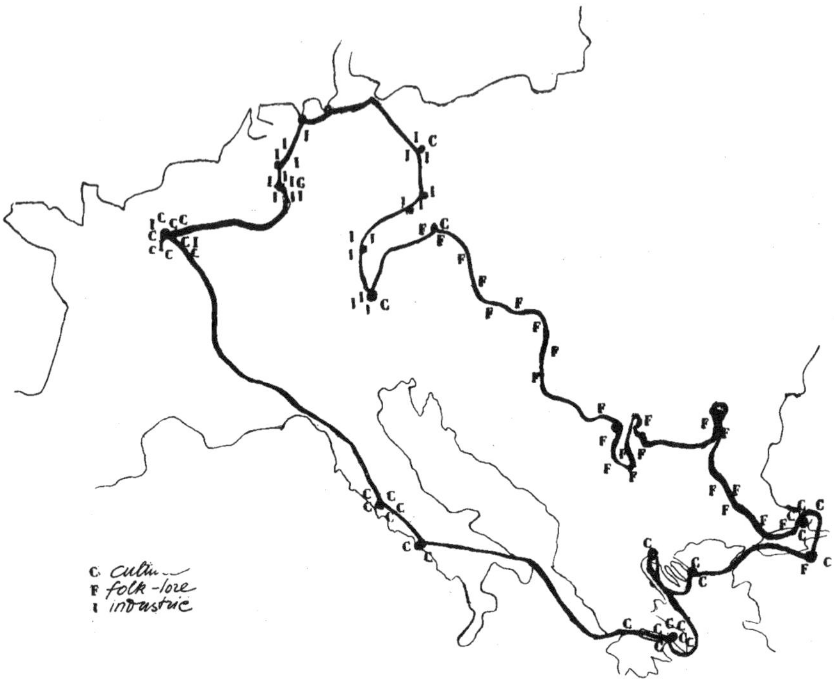

A viagem útil.

* * *

Bizâncio. Aqueduto de Valens.

tem nada a ver com a decoração. A arquitetura está nas grandes obras, difíceis e pomposas, legadas pelo tempo, mas *está também no menor casebre*, num muro de claustro, em qualquer coisa sublime ou modesta que contém uma geometria suficiente para que nela se instale uma relação matemática.

Depois de uma viagem assim, o prestígio da decoração caiu definitivamente. Vi os países celebrados por seus estilos regionais e evocados de uma maneira tão pândega nos palcos do Opéra-Comique. Não há decoração que faça brotar a emoção do viajante: há a arquitetura que é forma pura, integral – estrutura, plástica –, e há as obras de arte: Fídias ou o pote do ceramista sérvio dos Bálcãs. O provocador de emoção é um complexo de formas reunidas numa relação precisa: horizontal, vertical. Ou é a obra que, através da depuração dos folclores, revela-nos um pensamento-padrão, passível de universalidade, linguagem do coração de todos os homens. Os folclores mostraram-me como toda arte é duradoura e séria, condicionada, aprimorando outros atos anteriores semelhantes; como o individual é reabsorvido no coletivo, como, sob os auspícios de uma alma elevada e de um espírito potente, o coletivo fornece sua seiva ao individual. Jamais há divertimento, brincadeira, "coisa engraçada". Há o desejo de fazer um belo poema ou uma boa ferramenta. Em ambos os casos, toda a candura e toda a ciência são indispensáveis. Nosso tempo, com moços insignificantes com carros e com "garotas", pretenderia produzir coisas ingênuas? A ingenuidade do folclore é a soma de todas as capacidades seculares.

Depois dessa longa viagem que durou perto de um ano, em que, peregrino livre, mochila nas costas, entregue às iniciativas improvisadas, atravessava os países a pé, a cavalo, de barco, de carro, confrontando na diversidade das raças a unidade das bases essencialmente humanas, adquiri a certeza de que lá estava um século novo, o século XX, e de que tudo que se fizera já era passado, de que um movimento contínuo, para frente, sem volta, empolga época após época e conduz, em sua hora, os povos para um ponto que está à frente.

"... O juízo do público está perturbado; o bricabraque, o novo-rico, a inconveniência, o horror se alastram. Não sabemos mais. Temos em nós o germe corrosivo que vai arruinando, nos países castos, os corações até aqui simples e crentes, as artes até aqui normais, sadias e naturais. E penso que não há que reagir, mas que agir. Pois a depuração é uma necessidade vital e, como não queremos perecer, pelo simples desejo de viver, voltaremos, sim, à saúde e, com isso, à beleza. No mundo inteiro, retornamos; os olhos se abrem; ao germe canceroso opõe-se o germe jovem, vigoroso, esplêndido, nascido do viver ou morrer. Não queremos morrer..."

(Apontamentos de viagem, 1911.)

Volta.

Digestão.

Uma convicção: é preciso recomeçar do zero.

É preciso formular o problema.

O turbilhão da vida. Trata-se apenas de estética. Entre 20 e 30 anos, é então que se dobra o cabo da Boa Esperança. É então que agem as vontades profundas do ser e que uma vida se orienta. A pessoa faz a escolha de sua vida, sem aperceber-se disso, sem poder pretender: lá ou lá. Há no fundo de você uma barra, que se torna rígida, que assume uma forma e se orienta para uma direção. Aos 30 anos, a pessoa se encontra em certo lugar, tendo ou não passado o cabo da Boa Esperança.

....

Pântano.

Encontrei-me mexendo com indústria. Fábrica. Máquinas, taylorismo, preço de custo, prazos, balanços. Aí está!

Dirigindo um serviço de estudos técnicos: o após-guerra; em toda parte, sonhos de organização, de criação.

Conceber, criar, organizar uma empresa, uma individualidade produtiva: uma espécie de ser vivo afinal... que também pode morrer! Trabalho áspero, numa época de naufrágios econômicos; naufrágios em todo lugar, crises permanentes, enlouquecimento das curvas das estatísticas. Parece mesmo que o espírito é conduzido por uma ardente disciplina. Sonhos ferventes, razão de gelo: a carlinga dança doidamente, é preciso manter o leme.

Uma razão fria.

Ginástica da vontade.

Constituição de um juízo seco.

Ó boêmio do Boulevard Saint-Michel! Não se entra na boemia nessa fase de partidas duras. Foi durante esses longos e sérios anos que me adaptei ao diapasão. O diapasão é essa razão de ser de uma sociedade empenhada no labor. O como, o porquê do fenômeno social. Uma vez que, longe das academias de desenho, abrem-se os olhos para o complexo social, adquire-se o hábito de tomar o diapasão todos os dias, para condicionar o sonho que nasce em você aos inumeráveis elementos aos quais ele deve afinal levar seu eficaz produto. Com o diapasão, o artista *destina* o produto de seu trabalho.

* * *

Tornei a encontrar Ozenfant em 1918. Espírito claro. O país renascia; tivemos realmente a concepção de que começava uma idade do aço. Que às inquietações, ao desarvoramento, às tentativas de antes, iam suceder as horas de construção.

Em 1920, com ele e com Paul Dermée, lançamos ao público L'ESPRIT NOUVEAU, *Revue internationale de l'activité contemporaine.* Desejamos construir e não mais duvidar, acrescentar a cada dia uma certeza arrancada à análise, uma certeza num círculo que irá nascendo, desenvolvendo-se – morrendo, bem o sabemos. Mas estamos no ciclo nascente e procuramos atingir as zonas mais firmes que se avizinham do eixo com seu movimento. Dissemos: há um espírito novo; é um espírito de construção e de síntese guiado por uma concepção clara. Pequenas flores devem ser colhidas na beira do caminho, fora dos caminhos, caminhos trilhados. Deliciosa tentação, a de fazer um buquê de pequenas flores, de divertir-se, de divertir-se loucamente. A época se presta maravilhosamente ao disparate. Pense: há com que gracejar; gerações são apanhadas pelo imenso acontecimento; há uma fé que reina, um desinteresse total, uma paixão de conquista, um ímpeto magnífico que projeta esta época para a frente, em busca de vitórias... E há ainda o Sr. Homais, Segundo Império, e a geração de nossos papais que protestam, torcem o nariz, não querem saber, zombam, riem, insultam, denegam; somos pobres e corremos na pista, esbaforidos e dramáticos; e nossos papais estão sentados nas tribunas, à volta daquela onde acreditamos ver ainda a faixa tricolor do Presidente Fallières; nossos papais fumam grossos charutos, puseram suas cartolas; estão bem, os nossos papais, e nós somos nós, magros como gatos esfaimados. É isso que provoca o ricto dos amargos, e o disparate dos fantasiosos, e o supremo desinteresse dos mais jovens que ainda não puseram a mão na massa.

Renunciamos a colher as pequenas flores fora dos caminhos trilhados e tentamos, com o empenho da razão e com corações não encerrados em caçoletas preciosas, captar o acontecimento e ajudar a exprimir seu sentido.

APÊNDICE À EDIÇÃO BRASILEIRA

Neste livro procuramos reproduzir com a máxima fidelidade a programação visual proposta pelo próprio autor para a edição original. Esse critério levou-nos a deixar em francês os títulos de algumas ilustrações e mesmo o conteúdo textual dessas ilustrações em razão das dificuldades de reproduzir a tipologia original. Damos neste anexo essas traduções indicando o número da página em que se encontra a ilustração.

FAC-SÍMILE DA PÁGINA 44

PARIS, 26 de março de 1922.

FLIRT

LITERATURA
ARTES
ELEGÂNCIAS

Senhor,

"FLIRT"! evoca numa única sílaba todo o encanto das horas deliciosas de nossa vida moderna...

"FLIRT", cujo primeiro número será lançado em 15 de maio próximo, não é uma nova Revista qualquer, é, renovado conforme o gosto do dia, o conjunto das tendências que fizeram do século XVIII o mais representativo, entre todos os outros, de nosso caráter nacional, no que ele tem de mais vaporoso, de mais fino, de mais brilhante..........................

"FLIRT" é o champanha espumante, efervescente... É o espírito contestador de Voltaire, o madrigal de Marivaux, a graça de Boucher, de Watteau, de Fragonard..

ILUSTRAÇÃO DA PÁGINA 61

Especialidade de Cadeiras
disfarçadas de antigas

Nossas cadeiras, "ditas para antiquários", apresentam:
Construção à antiga, velhas madeiras cavilhadas, encaixes verticais, mortagens, vestígios de pregos nos rebaixos, pátina antiga, etc...

A maioria de nossas cadeiras são copiadas de modelos antigos

QUADRO DA PÁGINA 108

Página inteira reservada
ao clichê de um farol dos
ANCIENS ÉTABLISSEMENTS SAUTER-HARLÉ
Avenue de Suffren, 16
Paris

EXEMPLO DE UMA HISTÓRIA DE CLICHÊS:

Maio de 1924. Feira de Paris, Estande da Eletricidade: pedido de uma foto do grande farol exposto por Sauter-Harlé.

Início de julho: 1º telefonema para reclamar o documento (negociações com vários chefes de serviço, exposição de nossos objetivos, recursos, etc., etc.).

Alguns dias depois: segundo telefonema (mesmos discursos).

Alguns dias mais tarde: visita de um dos diretores de L'Esprit Nouveau aos Établissements Sauter-Harlé; espera de 1 h 1/2 nas ante-salas. Primeiro engenheiro, chefe de serviço: exposição do objetivo da visita. Segundo engenheiro: segunda exposição. Terceiro engenheiro (enfim, competente!): terceira exposição. Acolhida cheia de reserva: "Escreva à diretoria, ao Sr. W... expondo seu projeto, seus objetivos, seus recursos e especificando bem que será inteiramente grátis".

O mesmo dia: carta de exposição completa, lembrando as estações da via-sacra.

30 de julho: terceiro telefonema; resposta: "não sabemos."

31 de julho: quarto telefonema; resposta: "não sabemos."

1º de agosto: quinto telefonema ao dono, Sr. W... Exposição geral. O Sr. W... pede que se escreva enviando um número da revista, pois o Sr. R..., outro dono, declarou que não daria a foto para L'Esprit Nouveau.

Mesmo dia, meia-hora depois, táxi. Visita de um dos diretores de L'Esprit Nouveau ao Sr. W... Nenhuma espera em ante-sala. O Sr. W... faz um interrogatório serrado; exposição eloqüente dos objetivos, dos recursos, etc. Conclusão do Sr. W..., severo: "nosso farol não é decorativo, etc..." Terminando: "Telefonarei ao senhor segunda-feira dizendo a sorte reservada à sua solicitação". O Sr. W... se vai, sem se despedir.

Faz 15 dias que os Établissements Sauter-Harlé sabem que estamos imprimindo nosso número 25 e que hoje é o último dia! Mentalidade freqüente do engenheiro envolvido no elevado orgulho do número. Incompreensão total do que não é o estrito campo de suas investigações. Tal é a história de um clichê, exemplo entre tantos outros, desesperador. Não se pode compreender.

ILUSTRAÇÃO DA PÁGINA 178

boca

glândulas salivares

papo

moela

estômago propriamente dito

fígado

intestino

ILUSTRAÇÃO DA PÁGINA 179

tentáculos

esôfago

boca

membranas

estômago

canais do polipeiro

polipeiro

ILUSTRAÇÃO DA PÁGINA 179

plúmula muito nova

plúmula

pena nova definitiva

parte dura da pele

região onde se formará a pena definitiva

ILUSTRAÇÃO DA PÁGINA 180

pétalas

estames

sépalas

pistilo

brácteas

ILUSTRAÇÃO DA PÁGINA 184

sifão

membranas

tentáculos

olhos

parte viva
do animal

ÍNDICE